Irmgard Plößl, Matthias Hammer

ZERA – Zusammenhang zwischen Erkrankung, Rehabilitation und Arbeit

Psychiatrie Verlag

Irmgard Plößl, Matthias Hammer

ZERA – Zusammenhang zwischen Erkrankung, Rehabilitation und Arbeit

Ein Gruppentrainingsprogramm
zur Unterstützung der beruflichen Rehabilitation
von Menschen mit psychischer Erkrankung

Psychosoziale Arbeitshilfen 16

Psychiatrie Verlag

Irmgard Plößl, Matthias Hammer
ZERA – Zusammenhang zwischen Erkrankung, Rehabilitation und Arbeit
Psychosoziale Arbeitshilfen 16

7., aktualisierte Auflage 2016, Nachdruck 2022
ISBN 978-3-88414-662-0

Bibliografische Informationen der Deutschen Nationalbibliothek
Die Deutsche Nationalbibliothek verzeichnet diese Publikation
in der Deutschen Nationalbibliografie; detaillierte bibliografische Daten
sind im Internet über http://dnb.ddb.de abrufbar.

Psychiatrie-Verlag im Internet: www.psychiatrie-verlag.de
Arbeitsblätter und Aktualisierungen können Sie unter www.irreverstaendlich.de/buecher/zera sowie unter www.matthiashammer.de/buecher/zera herunterladen.
Hier finden Sie auch Informationen zu den Autoren und Fortbildungen.
Das Passwort lautet 3Kreise.

Umschlagkonzeption: GRAFIKSCHMITZ, Köln
Umschlaglayout: Iga Bielejec, Nierstein,
unter Verwendungen eines Fotos von inkofoto/www.fotolia.com
Typografie, Grafiken und Satz: Iga Bielejec, Nierstein
Druck und Bindung: medienHaus Plump, Rheinbreitbach

EINFÜHRUNG

SCHULUNGSMANUAL

Download-Materialien

Informationen zu ZERA Zusammenhang zwischen Erkrankung, Rehabilitation und Arbeit

Arbeitsblatt 1 Inhaltsübersicht des Programms

Arbeitsblatt 2 3-Kreise-Modell

Arbeitsblatt 3 Verletzlichkeits-Stress-Bewältigungs-Modell

Arbeitsblatt 4 Frühwarnzeichen

Arbeitsblatt 5 Frühwarnzeichen am Arbeitsplatz

Arbeitsblatt 6 Entlastungs- und Unterstützungsmöglichkeiten zur kurzfristigen Stressreduktion

Arbeitsblatt 7 Entlastungs- und Unterstützungsmöglichkeiten am Arbeitsplatz

Arbeitsblatt 8 Krisenplan

Arbeitsblatt 9 Vom Problem zur Lösung

Arbeitsblatt 10 Informationen zum Thema »Finanzielle Unterstützungsmöglichkeiten«

Arbeitsblatt 11 Informationen zum Thema »Arbeits- und Beschäftigungsmöglichkeiten für psychisch erkrankte Menschen«

Arbeitsblatt 12 Informationen zum Thema »Ausbildung/Umschulung«

Arbeitsblatt 13 Informationen zum Thema »Integrationsfachdienst (IFD)«

Arbeitsblatt 14 Informationen zum Thema »Persönliches Budget«

Arbeitsblatt 15 Informationen zum Thema »Werkstätten für behinderte Menschen (WfbM)«

Arbeitsblatt 16 Informationen zum Thema »Schwerbehindertenausweis«

Arbeitsblatt 17 Informationen zum Thema »Sozialpsychiatrischer Dienst (SPDi)«

Arbeitsblatt 18 Wie würde ich gerne arbeiten?

Arbeitsblatt 19 Planung kurz- und mittelfristiger beruflicher Ziele

Arbeitsblatt 20 Seminarbeurteilung

Arbeitsblätter und Aktualisierungen können Sie unter www.irreverstaendlich.de/buecher/zera sowie unter www.matthiashammer.de/buecher/zera herunterladen. Das Passwort lautet 3Kreise.

EINFÜHRUNG

Vorwort

Das ZERA-Trainingsprogramm hat sich zur Klärung beruflicher Fragestellungen und Zielsetzungen in der Rehabilitation psychisch kranker Menschen ausgesprochen gut bewährt. Dabei wird das Programm in ganz unterschiedlichen Einrichtungen, Maßnahmen und Beratungskontexten eingesetzt. Gerade um eine personenzentrierte Hilfeplanung im beruflichen Bereich zu gewährleisten, bietet ZERA den Klienten die Möglichkeit, sich über ihre beruflichen Wünsche, ihre Stärken und Schwächen und das geeignete Hilfesystem klar zu werden und realistische, sinnhafte berufliche Ziele zu formulieren. Das schrittweise Vorgehen und die gemeinsame Erarbeitung in der Gruppe fördern die Selbstbefähigung und fordern die Selbsthilfepotenziale.
Durch die Bewusstmachung persönlicher und externer Ressourcen und die Klärung beruflicher Ziele werden salutogenetische Faktoren wie das Erleben von Sinnhaftigkeit, Handhabbarkeit und Verstehbarkeit gefördert.
Das Programm mit seinen sieben Unterprogrammen hat sich in vielen Kontexten als gut anwendbar erwiesen. Die Grundidee des 3-Kreise-Modells ist sehr praktikabel und flexibel für verschiedene Nutzergruppen anwendbar. In den letzten zehn Jahren hat das ZERA-Programm eine beachtliche Verbreitung erfahren. Insbesondere in den Werkstätten für psychisch behinderte Menschen wird es zur Strukturierung und inhaltlichen Bereicherung des Berufsbildungsbereichs eingesetzt. Für diesen Bereich wird es auch von der BAG:WfbM empfohlen (Scheibner & Hautorp 2001). Aber auch in anderen Einrichtungstypen wird das ZERA-Programm erfolgreich angewandt, beispielsweise in Tageskliniken, RPK-Einrichtungen, Wohnheimen, Maßnahmen für Langzeitarbeitslose, Beruflichen Trainingszentren (BTZ), Tageskliniken etc. Durch den baukastenartigen Aufbau des Schulungsprogramms können einzelne Bausteine entnommen werden, sodass das ZERA-Programm flexibel in das jeweilige Rehabilitationskonzept einer Einrichtung eingefügt und an die entsprechende Zielgruppe angepasst werden kann.
Wir freuen uns über die positiven Rückmeldungen und inhaltlichen Anregungen, die wir in den letzten Jahren in zahlreichen Seminaren und Trainerschulungen erhalten haben und danken allen Beteilig-

ten, die durch ihre Unterstützung zur weiteren Entwicklung und Verbreitung des Programms beigetragen haben. Weitere Informationen erhalten Sie unter www.irre-verstaendlich.de.

I Einleitung

Arbeit bedeutet für psychisch kranke Menschen viel: am gesellschaftlichen Leben teilzuhaben, den Tag zu strukturieren, soziale Kontakte zu pflegen, Geld zu verdienen und vieles mehr. Arbeit auf dem allgemeinen Arbeitsmarkt, aber auch in beschützten Beschäftigungsverhältnissen erhöht nachweislich die Lebenszufriedenheit und Lebensqualität (Priebe et al. 1998, Angermeyer 2000). Auch die Krankheitsbewältigung wird positiv beeinflusst. Die rezidivprophylaktische Wirkung von Arbeit ist wiederholt empirisch belegt (Reker et al. 1998, Priebe 1999). Arbeit kann aber auch belasten. Menschen, die an psychischen Erkrankungen leiden, sind häufig vulnerabel für Überstimulation und soziale Stressoren. Wird Arbeit als Überforderung oder Überstimulation erlebt, kann sie ein auslösender Faktor für Krankheitssymptome oder gar Rückfälle sein. Um die positiven und protektiven Aspekte von Arbeit erlebbar zu machen, ist es deshalb für psychisch kranke Menschen besonders wichtig, Über- und Unterforderung zu meiden und beruflich das jeweils optimale Anforderungsniveau zu suchen. Das kann auf dem allgemeinen oder auf dem geschützten Arbeitsmarkt zu finden sein (Schulze-Mönking et al. 1999). Im Rahmen der ZERA-Schulung wird versucht, mit den Teilnehmern eben dieses jeweils individuell optimale Anforderungsniveau zu erarbeiten.
Psychisch kranke Menschen können nach der Erstmanifestation der Erkrankung häufig nicht mehr oder nur eingeschränkt auf ihre Lebenspläne und beruflichen Perspektiven zurückgreifen. Unter Berücksichtigung der Erkrankung und der Kenntnis des Arbeits- und Unterstützungssystems müssen sie alternative berufliche Perspektiven und Pläne entwickeln. Dies ist häufig eine zentrale Beratungsaufgabe für Mitarbeiter und Mitarbeiterinnen beruflicher Rehabilitationsmaßnahmen (Haerlin 2009). Zur Unterstützung, Begleitung und sinnvollen Strukturierung dieser Beratung bei der Entwicklung neuer Perspektiven und Pläne im beruflichen Bereich gibt es derzeit kein Trainingsprogramm, das geeignet wäre, die Bewältigung der psychischen Erkrankung mit der Entwicklung einer beruflichen Perspektive zu verknüpfen. Das ZERA-Programm wurde entwickelt, um diese Lücke in der bestehenden Versorgung zu schließen. Inhaltlich wird versucht, sich dem stark emotional

besetzten und oft sowohl Ängste als auch Hoffnungen auslösenden Thema der Arbeit schrittweise zu nähern, stufenweise konkrete Ziele zu erarbeiten und positiv-realistische Zukunftserwartungen zu wecken. Dabei soll insbesondere der komplexe Zusammenhang zwischen Arbeit und psychischer Erkrankung herausgearbeitet werden: Einerseits kann Überforderung am Arbeitsplatz Krankheitssymptome verschlimmern und Rückfälle zur Folge haben, andererseits kann die schrittweise Stabilisierung im Rahmen einer beruflichen Trainingsmaßnahme die Überwindung längerfristiger Krankheitsfolgen und die Wiedererlangung früherer Fähigkeiten und Fertigkeiten beschleunigen und einer Chronifizierung vorbeugen. Die ZERA-Schulung verbindet krankheitsspezifische Fragestellungen mit beruflichen. Diese Beziehung zwischen krankheitsbedingten Einschränkungen, deren Veränderbarkeit durch rehabilitative Maßnahmen und ihren Auswirkungen auf die berufliche Zukunft wird im Rahmen der ZERA-Schulung von verschiedenen Seiten her beleuchtet und bearbeitet.

Eine Reihe von Untersuchungen weisen darauf hin, dass unter den gegenwärtigen Arbeitsmarktbedingungen nur einer kleinen Gruppe psychisch Kranker eine direkte Wiedereingliederung in den allgemeinen Arbeitsmarkt möglich ist (Rüesch et al. 2002, Pfammatter et al. 2000). Die Mehrzahl ist auf eine verstärkte Nutzung des rehabilitativen Unterstützungssystems und auf Beschäftigungsmöglichkeiten im geschützten Bereich angewiesen (Reker 1999). In diesem Bereich der beruflichen Rehabilitation und Teilhabe am Arbeitsleben für psychisch kranke Menschen haben in den letzten Jahren bedeutsam Weiterentwicklungen und Differenzierungen der Angebote stattgefunden. Zu nennen sind beispielsweise die verstärkt angebotenen Möglichkeiten nach dem Prinzip der Unterstützten Beschäftigung. Es steht eine Vielzahl unterschiedlicher Maßnahmen und Möglichkeiten zur Verfügung, welche sich inhaltlich bezüglich der gestellten Anforderungen und der möglichen Betreuung und Unterstützung wesentlich schwerer voneinander abgrenzen lassen als beispielsweise die Angebote im Bereich des Wohnens und der medizinischen Versorgung. Dies bedeutet einerseits, dass psychisch kranke Menschen im Bereich der beruflichen Rehabilitation auf eine relativ große Anzahl von Möglichkeiten zurückgreifen können, jeweils orientiert an ihren aktuellen beruflichen Fähigkeiten und Fertigkeiten. Andererseits kann die Vielzahl potenzieller Möglichkeiten beim Einzelnen auch ein Gefühl der Verwirrung, Ratlosigkeit, Hilflosigkeit und Unentschlossenheit hervorrufen. Insbesondere psychisch kranken Menschen fällt es oft schwer, vielfältige Informationen richtig zu verarbeiten, zu gewichten und auf dieser Grundlage eine Entscheidung zu treffen. Hinzu kommt, dass eine Voraussetzung für die Wahl des jeweils richtigen Angebots im Bereich Arbeit die realistische Einschätzung der aktuellen beruflichen Leistungsfähigkeit ist, welche insbesondere durch eine schwere psychische Erkrankung oder geringe berufliche Erfahrung eingeschränkt sein kann. Es ist daher besonders wichtig, die relevanten Informationen über das Arbeits- und Unterstützungssystem übersichtlich aufzubereiten und zu vermitteln, um Informiertheit und Handlungskompetenz bei den Betroffenen zu fördern. Das ZERA-Programm leistet hier einen wichtigen Beitrag. Es verhilft den Teilnehmern zu mehr Überblick über das Arbeits- und Unterstützungssystem und kann dazu beitragen, die Entscheidung für den richtigen Baustein aus dem Angebot an Teilhabemöglichkeiten zu treffen.

Das ZERA-Programm ist methodisch an die Zielgruppe psychisch kranker Menschen angepasst. Der Ablauf ist klar und strukturiert und folgt stets einem roten Faden, der auch für die Teilnehmer erkennbar ist. Dabei werden Informationen auf zwei Säulen vermittelt: einerseits über die psychische Erkrankung und ihre Bewältigungsmöglichkeiten, andererseits über das zur Verfügung stehende Hilfesystem. Insbesondere der Aspekt der Informationsvermittlung ist als wesentlicher Bestandteil therapeutischer Maßnahmen anzusehen. So berichtet z. B. FIEDLER (1996), dass eine gute Aufklärung der Patienten per se bereits erhebliche therapeutische Effekte zeitigen kann und sich präventiv die Zahl vorzeitiger Therapieabbrüche deutlich verringern lässt, wenn Patienten vor ihrer Therapie über alle Aspekte der Behandlung ausreichend informiert wurden. Im Gruppentrainingsprogramm ZERA werden daher Informationen sowohl über die psychische Erkrankung als auch über das rehabilitative Unterstützungssystem in geeigneter, strukturierter und klarer Form vermittelt.

Neben der Vermittlung von Informationen sind auch die Entwicklung positiver, selbstwirksamer Kontrollüberzeugungen und die Entwicklung oder Aufrechterhaltung von Motivation wesentliche Aufgaben einer gelingenden beruflichen Rehabilitation. Motivation hat sich immer wieder als wichtiger Prädiktor zur Vorhersage des Rehabilitationserfolgs erwiesen (MECKLENBURG 1999, HÖHL 2004). Leider geht gerade die Entwicklung realistischer neuer Zukunftsperspektiven häufig einher mit einer gewissen Resignation und Verlust der Motivation, vor allem, wenn die neuen Zukunftsperspektiven weit entfernt sind von den ursprünglichen Wünschen und Zielen eines Menschen. Die ZERA-Schulung bietet mit der übergeordneten Struktur des 3-Kreise-Modells eine besonders gute Möglichkeit, die Motivation aufrechtzuerhalten und dennoch konkrete, realistische Ziele zu entwickeln. Auch die Entwicklung von optimistischen, selbstwirksamen Kontrollüberzeugungen stellt eine wichtige Aufgabe in der beruflichen Rehabilitation dar. Viele Rehabilitanden haben Erlebnisse des Scheiterns und Misserfolge hinter sich, die sie verarbeiten müssen. Gefühle der Hilflosigkeit machen es schwer, wieder Selbstvertrauen zu gewinnen und sich etwas zuzutrauen. In der Literatur wird immer wieder auf die Bedeutung von positiv-realistischen Zukunftserwartungen bei Betroffenen, Angehörigen und Betreuern hingewiesen (vgl. auch HOFFMANN 1999). So fand DAUWALDER (1984) zusammen mit Ciompi in einer kontrollierten Studie, dass positive Erwartungen auf allen Seiten, konkrete Rehabilitationspläne bei den Betreuern und realistisch-positive Erwartungen bei den Patienten besonders günstige prognostische Faktoren waren. Die gemeinsame Erarbeitung von solchen Erwartungen im Rahmen des ZERA-Programms unterstützt daher unmittelbar den Rehabilitationsprozess und kann zur Gesundung beitragen. Die Teilnehmer sollen durch aktives Handeln interne Kontrolle gewinnen, optimistische berufliche Zukunftserwartungen und positive, selbstwirksame Kontrollüberzeugungen entwickeln. Darüber hinaus hat auch die globale Bewertung einer Behandlung durch den Patienten einen Vorhersagewert für den Erfolg dieser Behandlung (PRIEBE 1992). Wichtig ist, dass der Patient die Maßnahme als sinnvoll im Hinblick auf seine Ziele erlebt.

Betrachtet man vor diesem Hintergrund die Praxis der beruflichen Rehabilitation, so stellt man fest, dass die an solche Maßnahmen zu stellenden Anforderungen noch nicht ausreichend realisiert sind. Psychisch kranke Menschen müssen im Anschluss an eine stationäre Behandlung häufig lange auf den Beginn einer beruflichen Trainingsmaßnahme warten. Beginnen sie endlich eine berufliche Rehabilitationsmaßnahme, so haben sie häufig Mühe, den Sinn dieses Angebots in Bezug auf ihre jeweiligen beruflichen Ziele zu erkennen. Es fällt ihnen schwer, positive berufliche Zukunftserwartungen zu entwickeln oder aufrechtzuerhalten, wenn sie sich zugleich mit ihren krankheitsbedingt eingeschränkten Fähigkeiten auseinandersetzen müssen und in ihrer Selbsteinschätzung zunehmend realistischer werden. Es ist daher besonders wichtig, im Rahmen der beruflichen Rehabilitation Trainingsprogramme anzubieten, die den Teilnehmern dazu verhelfen, bereits den Prozess der Rehabilitation als sinnhaft und zielführend zu erleben, unabhängig vom erreichbaren Ergebnis dieses Prozesses. Das Gruppentrainingsprogramm ZERA wurde entwickelt, um einen entsprechenden Beitrag zu leisten. Problematisch bei der begleitenden Förderung und Therapie im Rahmen der beruflichen Rehabilitation ist häufig eine zu geringe Überschneidung zwischen therapeutischen Inhalten und tatsächlichen Anforderungen im Alltag der Rehabilitanden, beispielsweise im Bereich der Arbeit. Häufig stehen v.a. nach Abschluss der Akutbehandlung die innerhalb therapeutischer Programme bearbeiteten Inhalte und die Themen, die im Alltag des psychisch Erkrankten wichtig und bedeutungsvoll sind, weitgehend unverbunden nebeneinander. Es bleibt den Betroffenen selbst überlassen, eine Verbindung zwischen beiden Bereichen herzustellen, was häufig misslingt. Das ZERA-Programm soll den Rehabilitanden diese Integrationsleistung erleichtern, indem es ihnen hilft, den Zusammenhang zwischen der psychischen Erkrankung und den damit einhergehenden Auswirkungen auf den wichtigen Lebensbereich der Arbeit herzustellen. Die Ergebnisse der ZERA-Schulung können sowohl mit der Rehabilitations- als auch mit der Begleitplanung verknüpft werden. Besonders gut geeignet sind dabei die von den Schulungsteilnehmern selbst erarbeiteten schriftlichen Materialien. Auf diese Weise ist sichergestellt, dass die Rehabilitanden aktiv und verantwortlich in die Planung der Rehabilitationsmaßnahme eingebunden werden. So können sie größtmögliche Verantwortung für die Ziele und den Verlauf der Rehabilitationsmaßnahme übernehmen und personenzentrierte Rehaplanung im wörtlichen Sinne wird gewährleistet.

Die Durchführung des ZERA-Programms in der Gruppe bietet, neben der größeren Ökonomie, auch den Vorteil, dass gruppenspezifische kurative Wirkfaktoren genutzt werden können. So können die Teilnehmer voneinander lernen und sich durch die Gemeinschaft mit gleichermaßen von einer psychischen Erkrankung Betroffenen emotional entlasten, dysfunktionale Einstellungen können korrigiert werden und das Erleben von Solidarität und Hoffnung wird möglich. Yalom (1989) unterscheidet dabei zwischen instrumentellen Gruppenbedingungen wie der Kohäsion, der Offenheit und dem Vertrauen der Teilnehmer untereinander und einer konstruktiven Arbeitshaltung, den spezifischen Gruppenbedingungen wie dem Empfangen, Annehmen und Geben von Feedback, der

Unterstützung und dem Modelllernen sowie den allgemeinen Wirkfaktoren wie der Universalität des Leidens oder der Vermittlung von Hoffnung. Dabei wird das Herstellen der instrumentellen Gruppenbedingungen durch ein strukturiertes, manualgestütztes Vorgehen wie im ZERA-Programm mit klaren Zielsetzungen erleichtert.

Der Ansatz des ZERA-Programms ist ein salutogenetischer (ANTONOVSKY 1991). Es wird versucht, durch Verbesserung der Verstehbarkeit (strukturierte Aufarbeitung vielfältiger Informationen) die Handhabbarkeit zu erhöhen (Teilnehmer können realistische Ziele formulieren) und Sinnhaftigkeit herzustellen (Teilnehmer erleben die berufliche Trainingsmaßnahme als sinnhaft und bedeutsam im Hinblick auf ihre beruflichen Ziele). Dabei spielt es keine Rolle, ob die Teilnehmer für sich das Ziel einer Integration in den ersten Arbeitsmarkt anstreben oder eine andere Form der beruflichen Teilhabe. Das ZERA-Programm unterstützt jeden Teilnehmer dabei, das richtige Anforderungsniveau im beruflichen Bereich zu finden. Es ist in diesem Sinne orientiert am Ansatz des Recovery (AMERING & SCHMOLKE 2007, KNUF 2006). Gesundung gelingt auch dann, wenn Krankheitssymptome fortbestehen. Gesundung bedeutet nicht, dass alles im Leben wieder so wird wie vor der Erkrankung. Gesundung ist auch bei schweren psychischen Erkrankungen möglich und verläuft für jeden Menschen anders. Das ZERA-Programm ist geeignet, unterschiedliche Menschen auf vielfältigen Wegen der Gesundung und beruflichen Rehabilitation zu begleiten und sie zu unterstützen. Das ZERA-Programm ist in erster Linie eine Klärungshilfe für die Teilnehmer, die es ermöglicht, personenzentriert zu arbeiten auf der Grundlage von Plänen und Zielen, die der psychisch Erkrankte selbst erarbeitet hat und die tatsächlich seinen Wünschen entsprechen. Auch die Entscheidung, wie viel Schutz und wie viel Realitätsnähe vom Einzelnen gewünscht und als hilfreich erlebt wird bei der beruflichen Teilhabe kann auf dieser Basis besser getroffen werden. Für die Teilnehmer klärt sich durch die ZERA-Gruppe in der Regel der Weg zu ihrem beruflichen Ziel. Ein Teilnehmer formulierte es so: »Das Gefühl, nur so dahinzuschwimmen in der Reha, ist gemindert worden.«

II Zielsetzungen und Zielgruppe

Das Ziel, psychisch kranken Menschen in ihrer Lebensbewältigung größtmögliche Autonomie und Selbstbestimmtheit zu ermöglichen, kann im Bereich der Arbeit nur erreicht werden, wenn die Betroffenen

- in strukturierter und übersichtlicher Form alle wichtigen Informationen über Arbeits- und Unterstützungsmöglichkeiten im beruflichen Bereich vermittelt bekommen,
- ihre aktuelle berufliche Leistungsfähigkeit realistisch einschätzen können und
- in ihrem Entscheidungsprozess die jeweils notwendige Unterstützung und Begleitung bekommen.

Das ZERA-Schulungsprogramm kann zur Erreichung dieser Ziele einen wichtigen Beitrag leisten. Als Baustein der beruflichen Rehabilitation psychisch kranker Menschen kann es in idealer Weise angewendet werden, wenn die berufliche Orientierung noch nicht abgeschlossen ist und eine Entscheidung über die berufliche Zukunft erst noch gefällt werden muss. Dies ist in der Regel der Fall bei berufsfördernden Maßnahmen, die der Entwicklung, Erhaltung, Erhöhung oder Wiedergewinnung der beruflichen Leistungsfähigkeit dienen, beispielsweise Berufsbildungsmaßnahmen im Rahmen einer WfbM, Unterstützte Beschäftigung oder andere berufliche Trainingsmaßnahmen, etwa nach SGB II oder SGB XII. Auch im Anschluss an die akutpsychiatrische medizinische Versorgung, beispielsweise im tagesklinischen Setting oder im Rahmen der RPK, findet eine berufliche (Neu-)Orientierung statt, welche durch das ZERA-Programm unterstützt und gefördert werden kann. Nicht zuletzt können im Laufe eines Lebens immer wieder Phasen der beruflichen Neuorientierung erforderlich werden. So ist die Teilnahme an der ZERA-Gruppe nicht nur für Menschen am Beginn einer beruflichen Rehabilitation interessant, sondern oft auch noch Jahre später, beispielsweise im Arbeitsbereich einer WfbM.

Das ZERA-Trainingsprogramm wurde entwickelt für Menschen mit psychischen Erkrankungen, die eine berufliche Trainingsmaßnahme absolvieren mit der Zielsetzung, krankheitsbedingte Defizite im Bereich der Arbeitsfähigkeit auszugleichen und nach Möglichkeit die Leistungsfähigkeit so weit zu steigern, dass die Übernahme einer Tätigkeit auf dem allgemeinen Arbeitsmarkt möglich wird. Alternativ kann auch eine andere Form der beruflichen Teilhabe das Ziel sein, beispielsweise die Integration in den Arbeitsbereich einer WfbM, stundenweise niederschwellige Tätigkeiten oder eine Arbeitsgelegenheit mit dauerhafter Unterstützung und Begleitung.

Menschen, die infolge einer psychischen Erkrankung in ihrer Leistungsfähigkeit so weit eingeschränkt sind, dass sie vorübergehend oder dauerhaft den Anforderungen einer Tätigkeit auf dem allgemeinen Arbeitsmarkt nicht gewachsen sind, äußern immer wieder Ängste und Unsicherheiten bezogen auf ihre berufliche Zukunft. Häufig wiederkehrende Themen sind dabei:

- Angst vor einem erneuten Rückfall;
- Angst, nie wieder so leistungsfähig werden zu können wie früher;
- Angst, durch das soziale Netz zu fallen und die Befürchtung, ohne regelmäßige Arbeit finanziell nicht leben zu können;
- fehlende realistische berufliche Perspektive, oft verbunden mit überhöhten Ansprüchen an die berufliche Zukunft;
- fehlende Kriterien und Erfahrungswerte für eine realistische Einschätzung der eigenen Leistungsfähigkeit;
- geringe oder fehlgerichtete Motivation zur beruflichen Trainingsmaßnahme und fehlende Einsicht in den Sinn;
- Gefühl von Hilflosigkeit und Hoffnungslosigkeit;
- extreme und fest gefügte Überzeugungen zum Thema Arbeit, beispielsweise die Ansicht, wieder gesund zu werden, wenn man erst wieder eine Arbeit habe oder aber die Angst, aufgrund der Erkrankung nie wieder arbeiten zu können.

Das ZERA-Schulungsprogramm greift diese Fragen, Ängste und Informationsdefizite auf und vermittelt in strukturierter und ökonomischer Form Informationen und Problemlösestrategien, wobei zusätzlich gruppenspezifische Wirkfaktoren gezielt genutzt werden. Dabei werden psychoedukative Inhalte bewältigungsorientiert mit dem Lebensbereich Arbeit verknüpft.

Die übergeordnete Zielsetzung des ZERA-Programms ist es, die Teilnehmer darin zu unterstützen, das jeweils individuell optimale Belastungsniveau herauszufinden und somit Über- und Unterforderung im beruflichen Bereich so weit wie möglich zu vermeiden. Zur Erreichung dieses Zieles müssen mit den Teilnehmern sowohl ihre krankheitsbedingt veränderte arbeitsbezogene Leistungsfähigkeit, als auch die vor diesem Hintergrund bestehenden beruflichen Möglichkeiten diskutiert und bearbeitet werden. Es ist daher erforderlich, neben psychoedukativen Inhalten auch Informationen über das bestehende Arbeits- und Unterstützungssystem im rehabilitativen Bereich zu vermitteln und mit den Teilnehmern schrittweise konkrete, realistische Ziele zu erarbeiten, die sie im Hinblick auf ein berufliches Fernziel erreichen können. Im Einzelnen soll das ZERA-Trainingsprogramm der Erreichung folgender Zielsetzungen dienen:

- Entwicklung von Bewältigungsstrategien und Steigerung der Selbstmanagementfähigkeiten durch Kenntnis der Verlaufscharakteristika einer psychischen Erkrankung, der Frühwarnsymptome und Krisenbewältigungsmöglichkeiten, insbesondere am Arbeitsplatz;
- Herausfinden des individuellen optimalen Anforderungsniveaus im beruflichen Bereich und Vermeidung von Über- oder Unterforderung in der beruflichen Zukunft;
- Verbesserung der Selbsthilfe- und Problemlösekompetenz durch Verdeutlichung konkreter Ansatzpunkte für die Veränderung arbeitsbezogener Schwächen und Erarbeitung von Verbesserungen in kleinen, erreichbaren Schritten;
- Vermittlung von Informationen über das rehabilitative Arbeits- und Unterstützungssystem, das eine wichtige soziale Ressource zur Verwirklichung beruflicher Ziele darstellt. Auf diesem Weg kann eine emotionale Entlastung durch bessere Kenntnis der Versorgungsstrukturen sowie eine erhöhte Eigenverantwortung und Handlungskompetenz in der Nutzung dieser Strukturen erreicht werden;
- Aufbau einer zielgerichteten Motivation für die berufliche Rehabilitationsmaßnahme durch Planung kurz- und mittelfristiger realistischer Ziele, orientiert an den jeweils aktuellen Fähigkeiten und Fertigkeiten;
- Steigerung von Zufriedenheit und Eigeninitiative der Teilnehmer im Rahmen der beruflichen Trainingsmaßnahme und bessere Ausnutzung der Angebote;
- Förderung von Empowerment und Veränderung des Rollenverständnisses von der Patientenrolle hin zur Arbeitnehmerrolle durch Übernahme von Verantwortung, Eigeninitiative und Projektarbeit.

III Inhaltsübersicht

Das ZERA-Trainingsprogramm besteht aus insgesamt sieben Unterprogrammen, die aufeinander aufbauen. Dabei ist der Aufbau des Schulungsprogramms baukastenartig, sodass bei Bedarf einzelne Bausteine entnommen, flexibel in das jeweilige Rehabilitationskonzept einer Einrichtung eingefügt und an die entsprechende Zielgruppe angepasst werden können. Die übergeordnete Struktur des Programms orientiert sich an den drei Leitfragen:

- Wo liegen zurzeit meine Stärken und Schwächen im beruflichen Bereich?
- Welche Arbeits- und Unterstützungsmöglichkeiten kann ich nutzen?
- Welche Wünsche und Ziele habe ich für meine berufliche Zukunft?

Diese Leitfragen sind im 3-Kreise-Modell zusammengefasst:

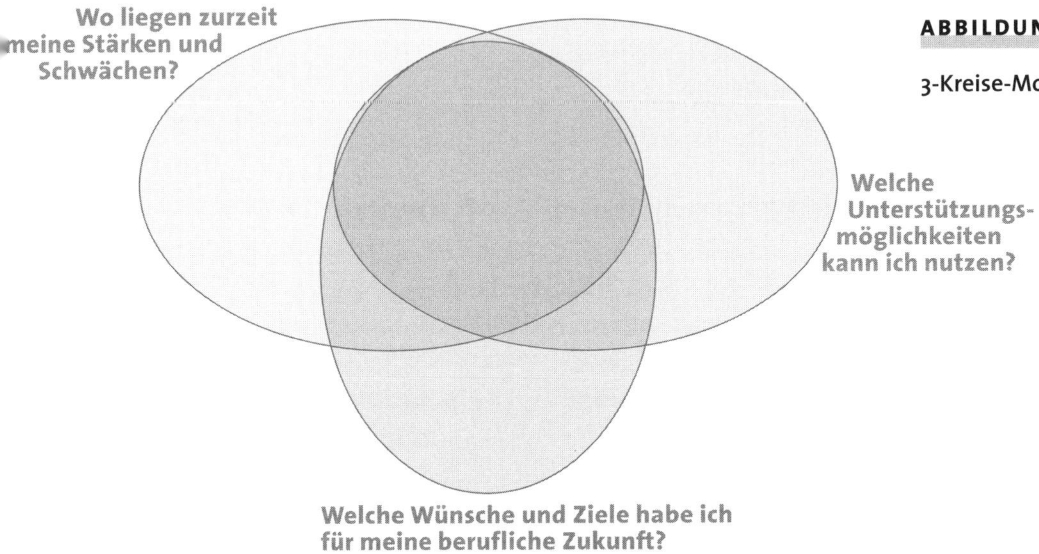

ABBILDUNG 1

3-Kreise-Modell

Das 3-Kreise-Modell stellt die übergeordnete Struktur und Klärungshilfe für die Teilnehmer dar, auf die in den Unterprogrammen 4, 5 und 6 hingearbeitet wird. Im abschließenden Unterprogramm 7 findet für jeden einzelnen Teilnehmer die Zusammenfassung der gesamten Schulung und Integration in das 3-Kreise-Modell statt. Die Schnittmenge der drei Kreise enthält die konkreten beruflichen

Zielsetzungen unter Berücksichtigung der Wünsche und Ziele, der Stärken und Schwächen und der angemessenen Arbeits- und Unterstützungsmöglichkeiten. In die Schnittmenge der 3 Kreise werden berufliche Wünsche und Ziele aufgenommen, die in nächster Zeit realistisch verwirklicht werden können. Alle anderen Wünsche und Ziele werden jedoch nicht verworfen oder als unrealistisch abgewertet. Sie behalten ihren Platz im unteren Kreis und können zu einem späteren Zeitpunkt ebenfalls realistisch werden und in die mittlere Schnittmenge aufgenommen werden. Selbst diejenigen Wünsche und Ziele, die es voraussichtlich nie dorthin schaffen werden, bleiben im unteren Kreis stehen und werden wertgeschätzt. Jeder Mensch hat Wünsche oder Ziele, die er vielleicht nie verwirklichen wird. Dennoch dienen sie als Quelle der Motivation und Inspiration. Auf diese Weise können im 3-Kreise-Modell unrealistisch erscheinende, aber motivierende Ziele erhalten bleiben und dennoch konkrete, realistische, an den aktuellen Fähigkeiten und den Unterstützungsmöglichkeiten ausgerichtete Schritte formuliert werden.
Die auf den folgenden Seiten abgedruckte Inhaltsübersicht bietet einen Überblick über das gesamte Schulungsprogramm und kann zugleich als Checkliste für Trainer zur Vorbereitung der einzelnen Sitzungen dienen.

1. Unterprogramm: Einführung

1. Begrüßung und Vorstellung des Trainers.
2. Gegenseitiges Kennenlernen der Teilnehmenden durch ein Partnerinterview mit Leitfragen.
3. Erwartungen der Teilnehmer an die Gruppe und spezifische Fragen zum Thema Arbeit und Rehabilitation werden auf Flipcharts gesammelt.
4. Kurze Inhaltsübersicht über die Schulung; Bezug zu Erwartungen und Fragen der Teilnehmer wird hergestellt.
5. Vorstellung der übergeordneten Struktur (3-Kreise-Modell), Bezug zu Inhalten der Schulung und zu Erwartungen und Fragen der Teilnehmer.
6. Arbeitsmappen werden ausgehändigt (enthalten u.a. Arbeitsblatt 1 und 2).
7. Gruppenregeln werden besprochen.

2. Unterprogramm: Einstieg in das Thema Arbeit

1. Satzergänzungsübung zum Thema Arbeit. Brainstorming, Sammlung auf Karten.
2. Karten werden zu Oberbegriffen zugeordnet, diese können vorgegeben oder von der Gruppe selbst erarbeitet werden. Karten werden an Pinnwand geordnet.
3. Ergänzungen bei Oberbegriffen, zu denen wenig genannt wurde, werden angeregt (»Was fällt Ihnen noch zu diesem Oberbegriff ein?«).
4. Zusammenhang zwischen erarbeiteten Oberbegriffen und Inhalten der ZERA-Schulung herstellen.
5. Foto von der erarbeiteten Struktur an der Pinnwand machen, ausdrucken und an alle Teilnehmer in der nächsten Sitzung verteilen.

3. Unterprogramm: Zusammenhang zwischen Arbeit und dem Verlauf einer psychischen Erkrankung

1. Mit der Gruppe wird erarbeitet, wie sich Arbeit auf den Verlauf einer psychischen Erkrankung auswirkt, anhand der Leitfragen:
   Wie wirkt sich längerfristige Überforderung auf das Wohlbefinden und die psychische Erkrankung aus?
   Wie wirkt sich längerfristige Unterforderung auf das Wohlbefinden und die psychische Erkrankung aus?
2. Mit der Gruppe wird das Verletzlichkeits-Stress-Modell erarbeitet. Warum entwickeln manche Menschen unter starken Stressbelastungen eine psychische Erkrankung? Das Zusammenwirken von Stress und Verletzlichkeit wird anhand von Abbildung 3 und Arbeitsblatt 3 erarbeitet.
3. Die Funktion von Frühwarnzeichen bei der Entstehung von psychischen Krisen wird herausgearbeitet und in Beziehung gesetzt mit dem Verletzlichkeits-Stress-Modell.
4. Die Teilnehmenden werden sensibilisiert für Frühwarnzeichen. Die Unterscheidung zwischen Alltagsstresssymptomen und Frühwarnzeichen wird herausgearbeitet.

5. Anhand der Arbeitsblätter 4 und 5 werden persönliche Frühwarnzeichen allgemein und am Arbeitsplatz herausgearbeitet.
6. Strategien zur Rückfallprophylaxe werden am Flipchart gesammelt: Unterscheidung zwischen Entlastungs- und Unterstützungsmöglichkeiten wird eingeführt.
7. Anhand der Arbeitsblätter 6 und 7 erarbeiten die Teilnehmenden individuelle Entlastungs- und Unterstützungsmöglichkeiten allgemein und am Arbeitsplatz.
8. Erstellung eines persönlichen Krisenplans.
9. Zusammenfassung und Ausblick. Zur Verhinderung von Krisen ist es wichtig, längerfristige Überforderung und Unterforderung zu meiden. Die Teilnehmenden sollten sensibilisiert werden für das optimale Belastungsniveau anhand der Leitfrage: Was sind persönliche Signale für das optimale Belastungsniveau?

4. Unterprogramm: Aktuelles Profil der Grundarbeitsfähigkeiten

A: Aktuelles Profil der Grundarbeitsfähigkeiten differenzieren:

1. Einleitung: Einordnung des Kapitels in die übergeordnete Struktur des 3-Kreise-Modells (»Wo liegen zurzeit meine Stärken und Schwächen?«).
2. Sammlung möglicher Grundarbeitsfähigkeiten auf Karten oder am Flipchart.
3. Gesammelte Grundarbeitsfähigkeiten werden geordnet, zu Rubriken zusammengelegt und dann etwa auf dem Boden liegen gelassen.
4. Leitfrage für die Teilnehmer: Was können Sie zurzeit eher gut, wo haben Sie zurzeit eher Schwierigkeiten? Jeder Teilnehmer sucht sich zwei Stärken und zwei Schwächen aus den Grundarbeitsfähigkeiten (nimmt sich die entsprechenden Karten und legt sie vor sich hin; fehlende Karten werden vom Trainer ergänzt). Wurden die Grundarbeitsfähigkeiten am Flipchart gesammelt, schreiben sich die Teilnehmer ihre Stärken und Schwächen auf je zwei Karten ab.
5. Hausaufgabe: Teilnehmer erhalten je zwei leere Karten (möglichst verschiedenfarbig) für Stärken und Schwächen und sollen ihren Gruppenleiter oder eine andere kompetente Person aus ihrem Arbeitsumfeld befragen, was sie seiner Meinung nach zurzeit eher gut und eher schlecht können. Die Antworten sollen auf die Karten geschrieben und in die nächste Sitzung mitgebracht werden.

6. Vorbereitung der Hausaufgabe: Wen befrage ich? Berücksichtigen, dass die Person Zeit zum Überlegen braucht. Rückmeldung erklären lassen. Umgang mit positivem und negativem Feedback.
7. Nachbearbeitung der Hausaufgabe: Jeder legt die Rückmeldungen vom Gruppenleiter neben seine eigenen Einschätzungen und kommentiert beide kurz in der Großgruppe. Anschließend wählt jeder Teilnehmer eine seiner Schwächen aus, an der er in nächster Zeit arbeiten möchte. Die Karten werden dann im Ordner der Teilnehmenden abgeheftet und im 3-Kreise-Modell eingetragen.

B: Ansatzpunkte und Strategien für Veränderungen erarbeiten, Problemlösetraining:

1. Vorgehensweise wird anhand des Problemlöseschemas »Vom Problem zur Lösung« in sechs Schritten am Flipchart verdeutlicht.
2. Ein Teilnehmer erklärt sich bereit, sein Beispiel exemplarisch in der Großgruppe zu bearbeiten, alle anderen Teilnehmer werden bei der Erarbeitung von Lösungsstrategien mit einbezogen.
3. Wahlweise in der Großgruppe, als Kleingruppenarbeit oder als Hausaufgabe wird für jeden Teilnehmer einmal Arbeitsblatt 9 ausgefüllt. Bei Kleingruppenarbeit oder Hausaufgaben sollte der Trainer ggf. Unterstützung anbieten und die Ergebnisse sollten auszugsweise in der Großgruppe vorgestellt werden. Zumindest sollten die Teilnehmer berichten, was sie sich vorgenommen haben und welche Lösungsmöglichkeiten ihnen eingefallen sind.
4. Bei Bearbeitung in der Großgruppe kann die Gruppe als Ideenpool genutzt werden, die Teilnehmer beraten und unterstützen sich gegenseitig und lernen auch von den Problemlösestrategien der anderen Teilnehmenden.
5. Bei der Bearbeitung sollte generell auf einen lösungsorientierten Zugang zum Problem und die Aktivierung von Ressourcen und Selbsthilfekompetenzen bei den Teilnehmern geachtet werden.
6. Die Ergebnisse der Kleingruppenarbeit werden in der Großgruppe vorgestellt; abschließend wird ein gemeinsamer erster Kontrolltermin festgelegt, welcher am Ende des Gruppenprogrammes liegen sollte.
7. Der Hinweis auf den Kreis »Welche Unterstützungsmöglichkeiten kann ich nutzen?« leitet zum nächsten Unterprogramm über. Als Hausaufgabe sollen die Teilnehmer sich überlegen, welche Fragen sie zu diesem Punkt haben.

5. Unterprogramm: Spektrum der Arbeits- und Unterstützungsmöglichkeiten

1. Aktuelles Kapitel in 3-Kreise-Modell einordnen, Bezug nehmen zu offenen Fragen und Erwartungen der Teilnehmer auf den Plakaten aus den ersten Sitzungen.
2. Fragen zu Arbeits- und Unterstützungsmöglichkeiten sammeln, auch aus der Hausaufgabe, auf Karten notieren. Genaue Formulierung der Fragen und möglichst auch das Aufschreiben sollten die Teilnehmer übernehmen.
3. Karten inhaltlich ordnen und unter Oberbegriffen zusammenfassen. Gegebenenfalls Fragen unter den Oberbegriffen ergänzen lassen.
4. Vorgehensweise erklären, um Enttäuschungen der Teilnehmer vorzubeugen.
5. Projekte verteilen (Einzelne oder Kleingruppen), Informationsmaterialien, Ansprechpartner etc. verteilen, genaue Vorgehensweise in der Großgruppe besprechen (Termin geben lassen, Frage genau formulieren, Antwort aufschreiben und prüfen, ob sie verstanden wurde, ggf. nachfragen bzw. auch Einübung im Rollenspiel), mit jedem Einzelnen besprechen, wie viele Fragen er übernehmen möchte, welche Vorgehensweise adäquat für ihn ist, ob er Unterstützung benötigt etc.
6. Klären, ob externe Referenten zu bestimmten Themen eingeladen werden und wer dies übernimmt.
7. Termine vereinbaren, zu denen die einzelnen Projekte vorgestellt werden.
8. Zuständige Teilnehmer beantworten Fragen vor der Großgruppe, andere fassen zusammen.
9. Arbeitsblätter 10–17 und evtl. weitere nach Abschluss eines jeden Themenblocks verteilen und obere Spalten mit Ansprechpartnern ausfüllen lassen, ggf. individuell unterschiedlich.
10. Teilnehmer sollen die für sie geeigneten Arbeits- und Unterstützungsmöglichkeiten auswählen, auf Karten schreiben und diese abheften sowie in ihr 3-Kreise-Modell eintragen.
11. Überleitung zum nächsten Kapitel anhand des 3-Kreise-Modells.

6. Unterprogramm: Planung der beruflichen Rehabilitation, kurz- und mittelfristige Ziele

1. Arbeitsblatt 18: Teilnehmer sollen angeregt werden, eine Vision ihrer beruflichen Zukunft zu entwerfen, Fernziele und Wünsche benennen.
2. In der Großgruppe Fernziele und Wünsche besprechen und auf Karten schreiben.
3. In Kleingruppen Arbeitsblatt 19 bearbeiten, gegenseitige Unterstützung der Teilnehmer. Genaue Differenzierung zwischen Fernziel, Nahziel und konkreten Schritten beachten.
4. Ergebnisse der Kleingruppen in Großgruppe berichten, Nahziele und konkrete Schritte auf Karten schreiben.

7. Unterprogramm: Zusammenfassung und Ausblick

1. Im großen 3-Kreise-Modell an einer Pinnwand hängen die Teilnehmer nacheinander ihre Karten aus den Unterprogrammen 4, 5 und 6 auf. Jeder Teilnehmer entscheidet für sich, welche Wünsche und Ziele in nächster Zeit realistisch sind und in die Mitte gehängt werden. Die Gruppe gibt gemeinsam Rückmeldung, gleicht mit den Stärken und Schwächen ab und drückt Wünsche für die berufliche Zukunft aus. Abschließend notiert jeder Teilnehmer auf Arbeitsblatt 2 den Inhalt seines 3-Kreise-Modells. Danach kommt der nächste Teilnehmer dran.
2. Rückmelderunde über Stand Problemlösetraining aus Kapitel 4 (Kontrolltermin).
3. Abschlussrunde, persönliche Bilanz, Feedback für den Trainer. Schriftliche Seminarbeurteilung, Arbeitsblatt 20.

IV Methoden und Rahmenbedingungen der Durchführung

4.1 Häufigkeit und Dauer der Durchführung

Die ZERA-Sitzungen sollten mindestens einmal wöchentlich und höchstens zweimal wöchentlich stattfinden. Bei zwei Sitzungen pro Woche sollte die einzelne Sitzung maximal eine Stunde dauern. Finden nur einmal wöchentlich Sitzungen statt, so können diese insgesamt eineinhalb bis zwei Stunden dauern, wobei nach einer Dreiviertelstunde eine Pause eingelegt werden sollte. Die Sitzungen zu Beginn (Unterprogramm 1 und 2) dauern teilweise weniger als 90 Minuten. Je nach Häufigkeit und Dauer der Sitzungen nimmt die Durchführung des gesamten Schulungsprogramms etwa 15–20 Sitzungen in Anspruch, in der Regel also 3 — 4 Monate.

4.2 Gruppengröße und Zusammensetzung

Bei der Durchführung von ZERA-Gruppen hat sich eine Gruppengröße von sieben bis zehn Teilnehmern bewährt. Zu große Gruppen erschweren es einzelnen Teilnehmern, sich zu konzentrieren und sind auch für den Trainer schwer zu überblicken. Bei zu kleinen Gruppen besteht für die einzelnen Teilnehmer ein erhöhter empfundener Druck, sich zu beteiligen, was manche Teilnehmer als unangenehm empfinden können.

Bei der Gruppenzusammenstellung sollte darauf geachtet werden, dass die Teilnehmerinnen und Teilnehmer einer Gruppe vor allem bezüglich ihrer kognitiven und intellektuellen Fähigkeiten einander ähnlich sind. Es ist durchaus gut möglich, das ZERA-Programm auch mit Teilnehmern mit intellektuellen Einschränkungen bis zur Lernbehinderung durchzuführen. Allerdings sollten diese Teilnehmer dann in möglichst homogenen Gruppen zusammengefasst werden. Bezüglich anderer Parameter, beispielsweise der Berufserfahrung auf dem allgemeinen Arbeitsmarkt oder der aktuellen beruflichen Leistungsfähigkeit, ist eine Homogenisierung der Gruppen dagegen nicht erforderlich. Auch Teilnehmer mit unterschiedlichen psychischen Erkrankungen können gut an einer ZERA-Gruppe gemeinsam teilnehmen.

4.3 Räumliche und materielle Voraussetzungen

Für die Durchführung von ZERA-Gruppen ist ein eigener Raum von ausreichender Größe für alle Teilnehmer und den Trainer erforderlich. Um die ausgesprochen wichtige Visualisierung und Strukturierung der vermittelten Inhalte zu ermöglichen, müssen Flipchart und eine große Pinnwand vorhanden sein. Auf der Pinnwand sollte nach Möglichkeit während der ganzen Zeit ein großes 3-Kreise-Modell sichtbar sein, damit auf diese übergeordnete Struktur immer wieder Bezug genommen werden kann.
Bei der Durchführung von ZERA-Gruppen hat es sich bewährt, zunächst ohne Tische zu arbeiten, um ausreichend Platz für die Übungen mit Plankarten zu haben. In der Regel kommen die Teilnehmer auch mit der anfänglichen Anordnung ohne Tische gut zurecht. Allerdings bilden sich meist schnell feste Sitzordnungen heraus, d. h., jeder Teilnehmer hat »seinen« festen Platz. Diese Sitzordnung sollte vom Trainer nach Möglichkeit nicht durcheinandergebracht werden.

4.4 Leitung der Gruppen

Die ZERA-Schulung wurde so konzipiert, dass für die Leitung der ZERA-Gruppen nur ein Anleiter bzw. Trainer erforderlich ist. Damit wurde auch den üblichen personellen Voraussetzungen in Werkstätten für behinderte Menschen oder vergleichbaren Einrichtungen Rechnung getragen. Dennoch kann der Einsatz eines Kotrainers sinnvoll sein, etwa um sich gegenseitig vertreten zu können sowie als Rückmelde- und Korrekturmöglichkeit für den Trainer. Es sollte dann jedoch auf eine klare Rollenverteilung beider Trainer

Wert gelegt werden. Für die Teilnehmer der Gruppe sollte jederzeit klar ersichtlich sein, wer der Leiter der Gruppe ist und welche Rolle der Kotrainer übernimmt. In der Regel wird dies die Rolle eines Assistenten sein, ggf. auch die Rolle eines Gruppenteilnehmers, welcher die anderen unterstützt.
Das ZERA-Programm kann von Psychologen, Sozialarbeitern, Ergotherapeuten oder anderen Berufsgruppen (z.B. Arbeitsgruppenleiter) mit geeigneter zusätzlicher Qualifikation durchgeführt werden. Die Anleiter sollten Kenntnisse über psychische Erkrankungen und über die relevanten sozialleistungsrechtlichen Hintergründe haben. Erfahrungen in der beruflichen Rehabilitation sowie in der Arbeit mit Gruppen sollten vorliegen oder durch entsprechende Einarbeitung und ggf. Teilnahme an einer Trainer-Schulung vertieft werden.

4.5 Auswahl der Teilnehmer und vorbereitende Aktivitäten

Auswahl der Teilnehmenden: Bei der Auswahl der Teilnehmer für eine konkrete Gruppe sollte vor allem auf die notwendige Homogenität der Gruppenzusammensetzung bezüglich der kognitiven und intellektuellen Fähigkeiten geachtet werden. Darüber hinaus existieren keine Ausschlussbedingungen. Kurz gesagt: Alle Rehabilitanden, die in der Lage sind an einer Berufsbildungsmaßnahme im Rahmen der Werkstatt für behinderte Menschen oder einer vergleichbaren beruflichen Trainingsmaßnahme mindestens vier Stunden täglich teilzunehmen, können auch an der ZERA-Schulung teilnehmen.
Vorabinformationen für die Teilnehmer: Untersuchungen von Therapieabbrüchen haben gezeigt, dass ihre Ursache häufig darin zu suchen ist, dass die Teilnehmer ihre Erwartungen an die Therapie nicht im gewünschten Maße erfüllt sahen. Dagegen verbleiben Patienten recht zuverlässig in einer Therapie, wenn diese ihren Erwartungen entspricht (u.a. Bastine 1992b). Es ist deshalb besonders wichtig, die Erwartungen der Teilnehmer an die ZERA-Schulung in der Anfangsphase gut zu strukturieren, vor allem in der Vorbereitung auf die Gruppe, und die potenziellen Teilnehmer vorab mit den geplanten Inhalten und Vorgehensweisen vertraut zu machen sowie im Gespräch ihre eventuellen Befürchtungen und Vorbehalte

mit den real zu erwartenden Inhalten abzugleichen. Die Materialien der ZERA-Schulung enthalten eine schriftliche Kurzübersicht über die Inhalte, Zielsetzungen und Rahmenbedingungen der Schulung, mit der die Teilnehmer vorab über das angebotene Gruppenprogramm informiert werden. Bei Bedarf kann ein ausführliches Vorgespräch im Einzelsetting geführt werden, dabei sollte vor allem Aufklärung über Erwartungen bzw. zu erwartende Gruppeninhalte und nicht zu erwartende Inhalte (etwa einen Arbeitsplatz zu finden) geleistet werden. Auch mögliche Vorbehalte und Ängste der Teilnehmer sollten thematisiert werden.

Vorabinformationen über die Teilnehmer: Der Trainer sollte über die berufliche und krankheitsbezogene Anamnese der Teilnehmer vorab genau informiert sein. Informationen, die nicht aus den Akten zu entnehmen sind, müssen zusätzlich erhoben werden, beispielsweise durch Besprechungen mit den zuständigen Arbeitsgruppenleitern.

Vorabinformationen für andere Mitarbeiter: Mitarbeiter, die mit den Teilnehmern der ZERA-Schulung in einem anderem Kontext arbeiten (beispielsweise als Anleiter am Arbeitsplatz), sollten über die Inhalte und Zielsetzungen des ZERA-Programms allgemein informiert sein, um dann die Ergebnisse für ihre Arbeit mit den Klienten nutzen zu können.

Vorbereitung der Materialien: Die Teilnehmer erhalten Arbeitsmappen und sukzessive Arbeitsblätter, die vorbereitet werden müssen. Außerdem müssen Stifte für Tafel- und Flipchart-Anschriebe sowie Kugelschreiber und Karten in ausreichender Menge vorhanden sein.

4.6 Methodik der Informationsvermittlung

L. E. Beutler u. a. (1984) fanden in einer Studie zu Effekten von Gruppentherapie deutliche verfahrensbedingte Verschlechterungen bei schizophrenen Patienten in einer affektfokussierenden Gesprächspsychotherapie. Die Autoren ziehen den Schluss, dass für chronisch psychisch kranke Patienten strukturierte Therapieangebote grundsätzlich gegenüber wenig strukturierten, einsichts-, affekt- und konfliktorientierten Verfahren bevorzugt werden sollten. Auch P. Fiedler (1996) betont, dass einfache Struktur, Klarheit und Transparenz zu den wichtigsten Rahmenbedingungen der

psychologischen Behandlung schizophrener Menschen gehören. L. Ciompi (1986a, b) leitet Prinzipien des therapeutischen Umgangs direkt aus seinem Drei-Phasen-Modell ab: Wenn der Kern der schizophrenen Verletzlichkeit in einer Störung der Informationsverarbeitung bzw. in störanfälligen, instabilen affekt-logischen Bezugssystemen zu sehen ist, dann muss jegliche Therapie generell auf die Stützung dieser Systeme und auf eine Verbesserung der Informationsverarbeitung ausgerichtet sein (Wienberg 1995).
Vor diesem Hintergrund formulierte L. Ciompi zehn grundlegende therapeutische Prinzipien für den Umgang mit schizophren erkrankten Menschen (Ciompi 1986a, b und 1988a):

Therapeutische Prinzipien nach L. Ciompi

1. Systematische Einbeziehung des relevanten sozialen Umfeldes
2. Vereinheitlichung der verfügbaren Informationen
3. Weckung gemeinsamer, positiv-realistischer Zukunftserwartungen
4. stufenweises Erarbeiten konkreter, gemeinsamer Behandlungsziele
5. Koordination und Kontinuität (sowohl konzeptionell als auch personell)
6. Vereinfachung des therapeutischen Feldes (klare Struktur)
7. Einfachheit und Klarheit im Umgang (affektiv-kognitiv übereinstimmende Kommunikation)
8. Fortlaufende Optimierung von Anforderungen (Vermeidung von Über- und Unterstimulation)
9. Flexible Kombination von unterschiedlichen Therapieansätzen (Synergieeffekte von pharmako-, psycho- und soziotherapeutischen Ansätzen)
10. Beachtung spezifischer Zeitfaktoren (zeitliche Dynamiken der Erkrankung, »Eigenzeiten« und persönliche Tempi der Betroffenen)

Bei der Konzipierung der ZERA-Schulung haben wir versucht diese Prinzipien systematisch zu beachten und umzusetzen. Bei der Durchführung von ZERA-Gruppen sollten sich die Trainerinnen und und Trainer immer wieder an diese Prinzipien erinnern und auf ihre Umsetzung Wert legen. Auch für Teilnehmer mit anderen psychischen Erkrankungen sind diese Prinzipien hilfreich.

4.7 Nutzung gruppenspezifischer Wirkfaktoren

Aufgrund der Durchführung des ZERA-Programmes in einer Gruppe können gezielt gruppenspezifische Wirkfaktoren genutzt werden. Bei manualgestützten Programmen mit stark Informationen vermittelndem Charakter sind dies nach I.D. YALOM (1975) vor allem:

- Kohäsion
- Offenheit
- Vertrauen
- Kooperative Arbeitshaltung
- Feedback empfangen und annehmen
- Feedback geben
- Unterstützung
- Universalität des Leidens
- Hoffnung

Darüber hinaus sieht P. FIEDLER (1996) die folgenden Vorteile einer Gruppe bei einem psychoedukativen, Informationen über die Krankheit vermittelnden Ansatz:

1. Erfahrungsaustausch zwischen den Betroffenen – dadurch auch die Möglichkeit, Missverständnisse zu korrigieren.
2. Austausch über unterschiedliche subjektive Theorien kann erfolgen, eine Korrektur ist möglich.

4.8 Übergeordnete Strategien und Vorgehensweisen

Wiederholungen: Gerade bei psychisch erkrankten Teilnehmern ist zur Vermittlung komplexerer, abstrakter Inhalte neben einer strukturierten Vorgehensweise eine hohe Redundanz der vermittelten Inhalte notwendig, um längerfristige Lernerfolge erzielen zu können. Daher sollten die Inhalte der Gruppensitzungen immer wieder erneut angesprochen werden; der Trainer sollte bewusst Bezüge zu früher behandelten Inhalten herstellen und immer wieder durch gezieltes Nachfragen und durch Wiederholung die Erinnerung der Teilnehmer anregen und das Verständnis von Zusammenhängen fördern. Um Langeweile und eine schulähnliche Abfragesituation zu vermeiden, gleichwohl aber die notwendige mehrfache Wiederholung wichtiger Inhalte zu gewährleisten, sollte die Gruppe zu Beginn einer Sitzung gemeinsam versuchen, die Inhalte der letzten Stunde zu rekonstruieren. Auf diese Weise können auch Teilnehmer wieder einen Zugang finden, die in der letzten Sitzung nicht da waren.

Offene Fragen: Immer wieder stellen Teilnehmer während einer Sitzung Fragen, deren Beantwortung den Rahmen der Sitzung sprengen würde oder die zu sehr in persönliche Details des individuellen Krankheitserlebens und -verarbeitens gehen. Gelegentlich kommt es natürlich auch vor, dass der Trainer auf Fragen von Teilnehmern keine Antwort weiß. Um zu vermeiden, dass Fragen von Teilnehmern völlig unbeantwortet bleiben, sollten jene Fragen, die nicht sofort beantwortet werden können, auf einem dafür reservierten Plakat notiert werden. Jeweils am Ende eines jeden Unterkapitels werden dann – auch als eine Form der Wiederholung – diese Fragen nochmals durchgegangen und so weit wie möglich beantwortet. Sollten Fragen weiterhin unbeantwortet bleiben müssen, so wird den Teilnehmern, die diese Fragen gestellt haben, angeboten, die Fragen in einem Einzelgespräch zu beantworten. Eine gute Möglichkeit ist es auch, einzelne Teilnehmer zu bitten, sich selbst bis zur nächsten Sitzung um die Beantwortung einer Frage zu kümmern.

Darstellungsmedien: Es ist ausgesprochen wichtig, die vermittelten und erarbeiteten Informationen zu visualisieren, indem man sie gut sichtbar aufschreibt. Durch diese externe Speicherung und Strukturierung wird die ohnehin beeinträchtigte Informationsverarbeitung psychisch kranker Teilnehmer erleichtert. Wichtige Inhalte, auf die immer wieder zurückgegriffen werden muss, sollten auf Flipchart festgehalten werden, damit sie immer wieder gezeigt und durch diese Redundanz besser vermittelt werden können. Auf einer Tafel sollten nur einmal benötigte Informationen festgehalten werden, beispielsweise die Leitfragen für eine Sitzung. Darüber hinaus werden die Arbeitsblätter für die Teilnehmer als Medium der Informationsvermittlung genutzt, auf denen sie sich auch selbstständig Inhalte erarbeiten sollen. Auch die Einbindung externer Referenten (etwa Mitarbeiter des Integrationsfachdienstes) oder eine gemeinsame Exkursion (etwa ins Berufsinformationszentrum der örtlichen Agentur für Arbeit) können als Formen der Informationsvermittlung genutzt werden. Insgesamt kann festgehalten wer-

den, dass durch den regelmäßigen Wechsel von Methoden und Medien der Darstellung die Aufmerksamkeit der Teilnehmer gebunden und die Verarbeitung der vermittelten Inhalte erleichtert wird.
Aktivierung und Kleingruppenarbeit: Auch wenn die Gruppengröße sechs bis acht Teilnehmende nicht überschreitet, ist die Involviertheit des Einzelnen doch phasenweise eher gering. Je weniger die einzelnen Teilnehmer unmittelbar beteiligt sind, desto schwieriger ist es jedoch für sie ihre Aufmerksamkeit aufrechtzuerhalten. Daher sollte immer wieder versucht werden, Teilnehmern kleine Aufgaben zu übertragen oder sie in Kleingruppen an einem Thema arbeiten zu lassen. Ideal ist die Bearbeitung von vorgegebenen Arbeitsblättern oder Leitfragen, wobei die Teilnehmer der Kleingruppe sich gegenseitig befragen und unterstützen sollen. Auf diese Weise wird zugleich die Kommunikation zwischen ihnen gefördert und – aufgrund der vorgegebenen und überschaubaren Aufgabe – erleichtert. Der Trainer sollte abwechselnd den Kleingruppen Unterstützung und Anregung geben. Die Kleingruppenarbeit sollte von vornherein zeitlich begrenzt sein, je nach Thema und Gruppengröße auf 10 bis maximal 20 Minuten. Anschließend sollten immer die Ergebnisse jedes einzelnen Teilnehmers kurz in der Großgruppe vorgestellt werden. Auf diese Weise können noch notwendige Rückmeldungen durch den Trainer gegeben werden und die Teilnehmer können noch besser voneinander lernen.
Feedback: Im Rahmen der ZERA-Schulung erhalten die Teilnehmerinnen und Teilnehmer immer wieder Rückmeldungen in verschiedener Form und auf unterschiedlichen Ebenen, beispielsweise von ihren Anleitern am Arbeitsplatz, dem Trainer und von anderen Teilnehmern. Die Bedeutung von Feedback im Prozess der Veränderung wird vermittelt und die Teilnehmer erlernen, sich selbst eigeninitiativ Rückmeldung einzuholen, mit dieser umzugehen und anderen in geeigneter Weise Feedback zu geben.
Freiwilligkeit: Auch bei einer strukturierten, die Teilnehmer aktivierenden Vorgehensweise ist es wichtig, es stets den Teilnehmern selbst zu überlassen, ob und inwieweit sie sich beteiligen möchten. Jeder Teilnehmer ist selbst dafür verantwortlich, wie sehr er profitieren wird und jeder Teilnehmer kann selbst am besten einschätzen und steuern, welches Maß an Aktivität und Beteiligung ihm guttut. Auch sehr stille Teilnehmer können profitieren!

V Praktische Erfahrungen bei der Durchführung und Durchführungshinweise

5.1 Umgang mit Unterbrechungen und Abbrüchen

In der Regel nehmen Teilnehmer im Rahmen einer Rehabilitationsmaßnahme gerne und zuverlässig an der ZERA-Gruppe teil und sind bestrebt, möglichst wenige Sitzungen zu versäumen. Fehlen einzelne Teilnehmer aufgrund von Krankheit, einer Urlaubsreise, einem Praktikum o. Ä. in mehreren Sitzungen, so kann seitens des Trainers angeboten werden, die Inhalte der versäumten Sitzungen in Einzelterminen nachzuholen, sofern der Teilnehmer gerne die Schulung fortsetzen möchte. Es sollte jedoch generell darauf geachtet werden, dass die Teilnahme an der Schulung stets freiwillig ist und keinerlei Druck auf die Rehabilitanden ausgeübt wird. In seltenen Fällen sind Abbrüche bei einer Schulung wie der ZERA-Gruppe auf eine Zunahme der akuten Psychopathologie zurückzuführen, wobei durch Teilnahme an einer Gruppenmaßnahme mitunter vor allem paranoide Tendenzen verstärkt werden können.
Ein Abbruch vor diesem Hintergrund kann daher als eine Form des Copings durch Rückzug angesehen werden und sollte im entsprechenden Fall akzeptiert werden. Abbrüche aufgrund von falschen Erwartungen oder irrationalen Befürchtungen der Teilnehmer können dagegen verhindert werden durch eine gute Vorab-Information der Teilnehmer und die bewusste Herstellung eines entspannten, kooperativen Gruppenklimas in den ersten Gruppensitzungen (siehe Punkt 4.5).

5.2 Kombination mit Einzelsitzungen und Einbettung in die Berufliche Rehabilitationsmaßnahme

Die Kombination von Gruppen- und Einzelmaßnahmen ist jederzeit möglich, sowohl parallel während der Durchführung der Gruppe als auch im Anschluss an diese. Problemlos können Gruppen- und Einzelmaßnahmen auch bei demselben Trainer bzw. Ansprechpartner stattfinden. Es ist sogar ein wichtiger ökonomischer Vorteil der ZERA-Gruppe, dass die weitere Begleitung der Teilnehmer auf einem Fundament gründen kann, das nicht erst über viele Einzelkontakte bei jedem einzelnen Rehabilitanden aufgebaut werden muss. Darüber hinaus kann gerade bei schwierigen oder sich nicht beteiligenden Rehabilitanden eine begleitende Einzeltherapie sehr sinnvoll sein, da ihre spezifischen Schwierigkeiten in der Gruppe oft nicht adäquat behandelt werden können (vgl. auch Punkt 5.3).
Um die Einbettung der ZERA-Schulung in die gesamte Rehabilitationsmaßnahme zu verbessern, sollte der Informationsaustausch zwischen Rehabilitanden, Trainer, Anleiter am Arbeitsplatz und ggf. weiteren wichtigen Bezugspersonen gewährleistet sein. Es ist jedoch wichtig, diesen Informationsfluss nicht hinter dem Rücken des Rehabilitanden ablaufen zu lassen, sondern ihn vielmehr von diesem selbst initiieren zu lassen. Eine ideale Grundlage dafür bilden die Arbeitsblätter der ZERA-Schulung, welche beispielsweise vom Rehabilitanden mit dem Anleiter am Arbeitsplatz besprochen werden oder für diesen kopiert werden können. Der Trainer sollte darauf achten, neben den Schulungsteilnehmern vorab auch die jeweiligen Anleiter am Arbeitsplatz über die geplante Schulungsmaßnahme und deren Inhalte zu informieren, um eine reibungslose Kooperation zu ermöglichen.

5.3 Verhalten der Trainer

Das ZERA-Schulungsprogramm wurde auf der Grundlage verhaltenstherapeutischer Annahmen entwickelt. P. Fiedler (1996) gibt ausführliche Hinweise für Trainer zur Durchführung verhaltenstherapeutisch fundierter Gruppentrainingsprogramme. In Anlehnung an Fiedler lassen sich die folgenden typischen und häufigsten *Fehler von Trainern* bei der Durchführung von Gruppenprogrammen zusammenfassen:

- Der Trainer verhält sich direkt oder unterschwellig feindselig gegenüber einzelnen Gruppenmitgliedern oder lässt wechselseitige Aggressionen der Teilnehmenden untereinander zu.
- Der Trainer spricht Interaktionsprobleme einzelner Teilnehmer direkt und ungefragt an (z. B. regelmäßige Motivierungsversuche unmotivierter, sich nicht beteiligender Mitglieder der Gruppe).
- Der Trainer verhält sich nicht ausreichend solidarisch mit den Außenseitern der Gruppe oder lässt zu, dass die Gruppe einzelne Teilnehmer zurückweist oder ausgrenzt.
- Der Trainer überfordert einzelne Teilnehmer oder ist nicht in der Lage, die Angemessenheit konkreter Ziele und Interventionen richtig einzuschätzen.
- Der Trainer orientiert sich in der Gruppenarbeit strikt und unflexibel an vorgegebenen Gruppennormen und Interaktionszielen (z. B. Einforderung der Einhaltung vorgegebener Gruppenregeln oder die Erwartung, dass sich alle Gruppenteilnehmer persönlich öffnen und beteiligen müssen).

Auf der anderen Seite beschreibt P. Fiedler (1996) auch protektive Eigenarten und Handlungsmuster von Trainern. Der typische nicht schädigende Trainer wird als stützend-förderlich beschrieben und zeichnet sich unter anderem durch folgende Verhaltensweisen aus:

- Der Trainer übt wenig Druck auf die Teilnehmer aus, sich unbedingt beteiligen zu müssen.
- Der Trainer zeigt keine offene und auch keine unterschwellige Kritik oder Feindseligkeit gegenüber der Gruppe oder einzelnen Teilnehmern.
- Der Trainer bemüht sich um die Herstellung eines hohen Maßes an Transparenz bezüglich der Ziele und der Zielangemessenheit der laufenden Gruppenarbeit.

- Der Trainer begründet sein eigenes Handeln gern theoretisch und scheut sich nicht, klare Informationen und Aussagen über seine Theorie des Lernens und der persönlichen Veränderung zu vermitteln.
- Es wird keinerlei Druck auf die Gruppe ausgeübt, diese psychoedukative Haltung des Trainers übernehmen zu müssen. Vielmehr dient ihre Darstellung nur der Begründung der eigenen Interventionen und der hilfreichen Angabe von Zielen für das weitere Vorgehen.

Die dargestellten schädigenden und stützend-förderlichen Verhaltensweisen von Trainern lassen sich vollständig auf die Durchführung der ZERA-Schulung mit Rehabilitanden im Rahmen einer beruflichen Rehabilitationsmaßnahme übertragen.

VI Wissenschaftliche Begleitforschung

Zur Evaluation des Schulungsprogrammes wurde im Rehabilitationszentrum Rudolf-Sophien-Stift ein Kontrollgruppendesign gewählt. Teilnehmer der Studie waren Rehabilitanden der Werkstätten des Rudolf-Sophien-Stifts aus dem Berufsbildungsbereich mit Erkrankungen aus dem schizophrenen Formenkreis. Die Rehabilitanden der Kontrollgruppe erhielten die übliche Standardversorgung im Rahmen der Berufsbildungsmaßnahme; die Experimentalgruppe erhielt zusätzlich zur Standardversorgung das ZERA-Angebot. Die Teilnehmerinnen und Teilnehmer wurden per Los einer der beiden Gruppen zugewiesen, um systematische Fehler im Auswahlverfahren zu vermeiden. Die Untersuchungsteilnehmer wurden vor dem Schulungsangebot und vier bis sechs Wochen nach der Schulung hinsichtlich ausgewählter psychologischer und rehabilitativer Parameter miteinander verglichen. Während der Schulung fand eine Verlaufsevaluation nach jeder einzelnen Stunde statt und am Ende der Schulung eine Gesamtevaluation der verschiedenen Schulungsbausteine. Vollständige Datensätze liegen für 15 Personen aus der Experimentalgruppe und 11 Personen aus der Kontrollgruppe vor.

Die Evaluation der Schulungsmaßnahme ergab, dass durch das Trainingsprogramm ein signifikanter Wissenszuwachs bei den Teilnehmern bewirkt wird im Hinblick auf:

- die psychische Erkrankung,
- Handlungsmöglichkeiten im Krisenfall,
- Arbeits- und Unterstützungssysteme im Reha-Bereich sowie
- konkrete Handlungsmöglichkeiten im Reha-Bereich.

Rund 70 Prozent der Rehabilitanden erzielten im Rahmen der Schulung leichte bis deutliche Verbesserungen in den Bereichen der Arbeitsgrundfertigkeiten, in denen sie im Rahmen des Problemlösetrainings im 4. Unterprogramm Veränderungen erreichen wollten.

Die Teilnehmer der Schulung beurteilten die Unterprogramme insgesamt als sehr gut bis gut. Als besonders hilfreich, interessant und nützlich beurteilten sie das Unterprogramm zu Arbeits- und Unterstützungsmöglichkeiten.

Die Rehabilitanden erlebten die Teilnahme an der Schulung im Hinblick auf die Berufsbildungsmaßnahme als motivierend, strukturierend und sinnvoll ergänzend. Die Experimentalgruppe konnte – verglichen mit der Kontrollgruppe – die Angebote der Berufsbildungsmaßnahme besser ausnutzen (Arbeitsversuche, ABM).

Die Ergebnisse der wissenschaftlichen Begleitforschung sind in folgenden Veröffentlichungen ausführlicher dargestellt:

Psychoedukation in der beruflichen Rehabilitation. ZERA – ein Gruppentrainingsprogramm zum Zusammenhang zwischen Erkrankung, Rehabilitation und Arbeit. In: Behrend, B.; Schaub, A. (Hg.) (2005): Handbuch Psychoedukation & Selbstmanagement. Verhaltenstherapeutische Ansätze für die klinische Praxis. Tübingen.

ZERA (Zusammenhang zwischen Erkrankung, Rehabilitation und Arbeit – ein Schulungsprogramm zur Unterstützung der medizinisch-beruflichen Rehabilitation psychisch kranker Menschen. In: Jahresschrift der BAG-RPK (2005).

Zusammenhang zwischen Erkrankung, Rehabilitation und Arbeit – ZERA: Ein Gruppentrainingsprogramm zur Unterstützung der beruflichen Rehabilitation von Menschen mit psychischer Erkrankung. In: Machleit, W.; Garlipp, P.; Haltenhof, H. (Hg.) (2004): Schizophrenie. Behandlungspraxis zwischen speziellen Methoden und integrativen Konzepten. Stuttgart.

Zusammenhang zwischen Erkrankung, Rehabilitation und Arbeit (ZERA). Ein Schulungsprogramm zur medizinisch-beruflichen Rehabilitation psychisch kranker Menschen. In: Die Rehabilitation (2001), 40, S. 28–35.

Psychische Erkrankung, Rehabilitation und Arbeit. Vorstellung eines Schulungsprogramms (ZERA) zur Unterstützung der beruflichen Rehabilitation psychisch kranker Menschen. In: Praxis Ergotherapie (2001), 4, S. 229–235.

Ein Gruppentrainingsprogramm zur Unterstützung der beruflichen Rehabilitation psychisch erkrankter Menschen. ZERA Zusammenhang zwischen Erkrankung, Rehabilitation und Arbeit. In: Ergotherapie und Rehabilitation (2001), 7, S. 24–29.

ZERA – Zusammenhang zwischen Erkrankung, Rehabilitation und Arbeit. Ein Gruppentrainingsprogramm zur Unterstützung der beruflichen Rehabilitation von Menschen mit psychischer Erkrankung. Überblick und erste Evaluationsergebnisse. In: Schizophrenie (2001).

VII Varianten der Durchführung

Das ZERA-Programm ist in der im Folgenden beschriebenen Weise sehr gut durchführbar. Abwandlungen sind nur dann sinnvoll, wenn die Klienten parallel an einem psychoedukativen Gruppenangebot teilnehmen – etwa während stationärer klinischer oder tagesklinischer Behandlungen oder im Rahmen der medizinischen Rehabilitation – oder wenn insgesamt nur sehr wenig Zeit zur Verfügung steht, beispielsweise bei kurzen Feststellungs- oder Trainingsmaßnahmen nach SGB II.

Im klinischen, stationären oder teilstationären Setting werden oft regelhaft psychoedukative Gruppen angeboten. Sollten die Teilnehmer parallel zu ZERA eine solche psychoedukative Gruppe besuchen, dann kann das Unterprogramm 3 entfallen. Es sollte aber sichergestellt werden, dass Informationen über Ursachen und Bewältigungsmöglichkeiten der Erkrankung wirklich für alle Teilnehmer in geeigneter Form zugänglich sind.

Das ZERA-Programm ist abgerundet und die Unterprogramme bauen aufeinander auf, deshalb ist eine Verkürzung nur dann zu empfehlen, wenn nur wenige Wochen Zeit zur Verfügung stehen, wie z.B. in Tageskliniken oder bei kurzen Feststellungs- oder Trainingsmaßnahmen nach SGB II. Um eine rasche berufliche Klärung im 3-Kreise-Modell zu erreichen, kann folgendermaßen vorgegangen werden:

- Unterprogramm 1 und 2 in einer Sitzung
- Unterprogramm 3 entfällt
- Unterprogramm 4: nur Erarbeitung von Stärken und Schwächen in Selbst- und Fremdeinschätzung, kein Problemlösetraining
- Unterprogramm 5, 6, 7 unverändert durchführen

Damit kann das 3-Kreise-Modell in sechs Wochen erarbeitet werden. Das Problemlösetraining kann im Anschluss durchgeführt werden. Die Vermittlung von Informationen zur Bewältigung der Erkrankung sollte dann auf andere Weise gewährleistet werden.

SCHULUNGSMANUAL

1. Unterprogramm: Einführung

Zielsetzung:

- → Klärung der Rahmenbedingungen
- → Übersicht über die Schulungsinhalte
- → erstes gegenseitiges Kennenlernen der Teilnehmer
- → Klärung der Erwartungen
- → Aufbau einer kooperativen Arbeitshaltung, Gruppenkohäsion und Selbstöffnungsbereitschaft der Teilnehmer

Dauer

eine Sitzung

Inhalte

1. Begrüßung und Vorstellung
2. Klärung von Erwartungen und Inhalten
3. Verteilung der Arbeitsmappen
4. Klärung der wichtigsten Gruppenregeln

Begrüßung und Vorstellung des Trainers und gegenseitiges Kennenlernen

Nach der allgemeinen Begrüßung durch den Trainer stellen sich die Teilnehmerinnen und Teilnehmer gegenseitig vor in Form eines Partnerinterviews anhand folgender Leitfragen, die an der Tafel notiert werden:

LEITFRAGE ?

- Name
- Alter
- momentane Arbeitsgruppe
- Hobbys bzw. Lieblingsbeschäftigungen
- Erwartungen an die Gruppe
- spezielle Fragen zum Thema Arbeit und Rehabilitation

Dabei sollen sich jeweils zwei Teilnehmer zu einer Kleingruppe zusammenfinden, gegenseitig befragen und dann anschließend in der Großgruppe den jeweiligen Partner vorstellen. Die Antworten auf die Leitfragen sollten sich die Teilnehmer aufschreiben, um sie bis

zur Vorstellung nicht zu vergessen. Entsprechend müssen vorab Stifte und Papier bereitgelegt werden. Der Trainer selbst stellt sich nur in seiner Rolle vor, mehrere Trainer ggf. auch gegenseitig.
Die vorgestellten Erwartungen und die spezifischen Fragen zum Thema werden vom Trainer auf Flipchart aufgeschrieben, um später darauf zurückkommen zu können. Die aufgeschriebenen Erwartungen können anschließend noch ergänzt werden durch nochmaliges Nachfragen in der Gruppe.

Hinweise für den Trainer!

- Das Partnerinterview dient dazu, bereits die erste Sitzung etwas aufzulockern – die Teilnehmer stehen auf, verlassen evtl. mit ihrem Interviewpartner den Raum – und ein Signal der Aktivität an die Teilnehmer zu geben. Zugleich ist das Partnerinterview strukturiert anhand der Leitfragen und übersichtlich, jeder Teilnehmer weiß genau, wen er vorstellen wird und von wem er vorgestellt werden wird. Die Teilnehmer der ZERA-Gruppen kommen mit dieser Methodik gut zurecht.
- Die Zusammenstellung der Kleingruppen beim Partnerinterview sollte den Teilnehmern überlassen bleiben. Wenn bei ungerader Teilnehmerzahl einzelne Rehabilitanden übrig bleiben, sollte der Trainer allerdings die Bildung einer Dreiergruppe anregen.
- Die Formulierung von konkreten Erwartungen an die Gruppe ist für manche Teilnehmer sehr schwierig. Mitunter kann es auch Ängste auslösen, wenn von anderen zu hohe Erwartungen formuliert werden. Der Trainer sollte deshalb betonen, man werde versuchen, die Erwartungen der Teilnehmer zu erfüllen, es bleibe jedoch jedem Einzelnen überlassen, inwieweit er sich beteiligen wolle.
- Wenn nicht alle Teilnehmer in der ersten Gruppensitzung anwesend sind, sollte die Vorstellungsrunde nochmals wiederholt werden, wenn neue Teilnehmer hinzukommen. Dabei kann dann entweder die Zusammenstellung der Kleingruppen beim Partnerinterview variiert werden oder die Teilnehmer stellen sich einfach selbst anhand der Leitfragen vor.

Klärung von Erwartungen, Inhaltsübersicht und Vorstellung der übergeordneten Struktur (3-Kreise-Modell)

Zur Vorbereitung sollten die Namen der einzelnen Unterprogramme als Inhaltsübersicht auf einem Flipchart notiert werden. Außerdem sollte eine Abbildung des 3-Kreise-Modells vorhanden sein, entweder als großes Plakat an der Wand oder ebenfalls als Flipchart. Der Trainer gibt einen Überblick über die geplante Schulungsmaßnahme und nimmt dabei Bezug auf die oben gesammelten Erwartungen der Teilnehmer, die er in das Programm einordnet. Er erläutert die übergeordnete inhaltliche Struktur anhand dreier, sich überlappender Kreise, welche die Leitfragen symbolisieren (vgl. Arbeitsblatt 2, zum Herunterladen):

LEITFRAGE ?

- »Wo liegen zurzeit meine Stärken und Schwächen?«
- »Welche Unterstützungsmöglichkeiten kann ich nutzen?«
- »Welche Wünsche und Ziele habe ich für meine berufliche Zukunft?«

ARBEITSBLATT 2

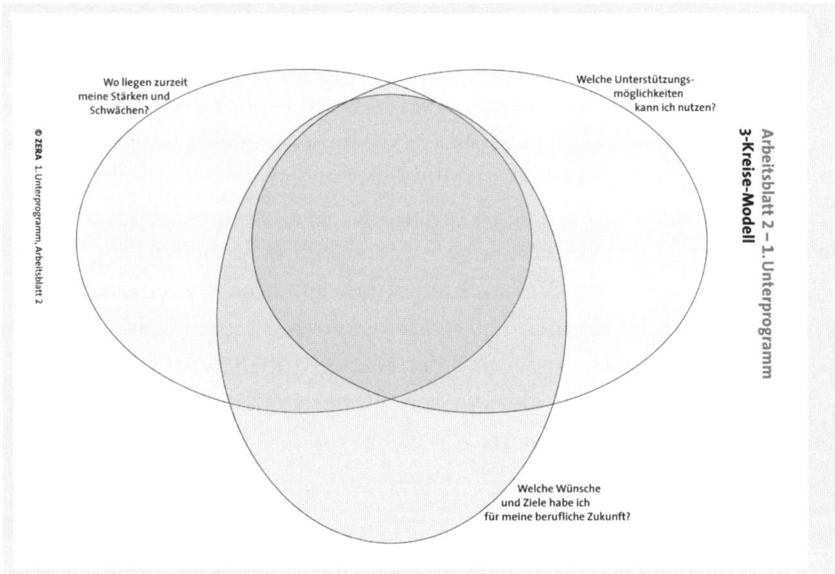

Anhand der Inhaltsübersicht des Programms wird eine kurze Darstellung der geplanten zeitlichen und inhaltlichen Struktur gegeben (»Welche Inhalte werden unter den einzelnen Überschriften behandelt und wie viel Zeit werden sie voraussichtlich in Anspruch nehmen?«).

- Auf die Inhaltsübersicht und das 3-Kreise-Modell sollte während der gesamten Schulung immer wieder Bezug genommen werden, um den Teilnehmern zu verdeutlichen, an welchem Punkt im Programm die Gruppe gerade angelangt ist und was noch kommen wird.

Hinweis für den Trainer!

Verteilung der Arbeitsmappen

Anschließend werden den Teilnehmern die Arbeitsmappen ausgehändigt. Diese enthalten:

- eine Inhaltsübersicht über das ganze Programm (Arbeitsblatt 1), Arbeitsblatt 2 (3-Kreise-Modell),

ARBEITSBLATT 1

Arbeitsblatt 1 – 1. Unterprogramm
Inhaltsübersicht des Programms
ZERA – Zusammenhang zwischen Erkrankung, Rehabilitation und Arbeit

Unterprogramm 1	Einführung
Unterprogramm 2	Einstieg in das Thema Arbeit
Unterprogramm 3	Zusammenhang zwischen Arbeit und dem Verlauf einer psychischen Erkrankung
Unterprogramm 4	Aktuelles Profil der Grundarbeitsfähigkeiten – Stärken und Schwächen
Unterprogramm 5	Spektrum der Arbeits- und Unterstützungsmöglichkeiten
Unterprogramm 6	Planung der beruflichen Rehabilitation – kurz- und mittelfristige Ziele
Unterprogramm 7	Zusammenfassung und Ausblick: 3-Kreise-Modell

- eine Gliederung für die sieben Unterkapitel des Programms (durch entsprechende Registerblätter),
- die dienstliche Telefonnummer des Trainers (oder andere Möglichkeiten, diesen zu erreichen, um sich z.B. im Krankheitsfall zu entschuldigen).

Zusätzlich kann etwa eine Übersicht über die ersten Sitzungstermine der Gruppe enthalten sein. Der Trainer sollte mit den Teilnehmern kurz den Inhalt der Arbeitsmappen durchgehen und dabei auf das enthaltene Arbeitsblatt 1 und 2 verweisen. Jeder Teilnehmer erhält eine eigene Arbeitsmappe und sollte diese namentlich oder durch ein Pseudonym oder Symbol kennzeichnen.
Anschließend sollte besprochen werden, ob die Teilnehmer die Arbeitsmappen zwischen den Sitzungen im Gruppenraum (möglichst verschlossen) lagern können oder ob sie diese mit nach Hause nehmen. Wenn die Teilnehmer ihre Arbeitsmappen zwischen den Sitzungen mitnehmen, besteht allerdings die Gefahr, dass sie vergessen, diese zur nächsten Sitzung wieder mitzubringen. In jedem Fall sollten die Arbeitsmappen geschützt aufbewahrt werden, da im Verlauf der ZERA-Gruppe persönliche Details darin notiert werden. Es ist nicht notwendig, eine einheitliche Lösung für alle Teilnehmer anzustreben, d.h., einzelne Teilnehmer können durchaus ihre Arbeitsmappen mit nach Hause nehmen, während andere ihre im Gruppenraum aufbewahren.

Hinweise für den Trainer!

- Die Arbeitsmappen sollten aus festem Karton o.Ä. bestehen, um ggf. auch als Schreibunterlage dienen zu können. Außerdem müssen sie eine Ringheftung haben, da sukzessive Arbeitsblätter und beschriftete Karten darin abgeheftet und wieder entnommen werden müssen. Schnellhefter sind nicht geeignet.
- Die Vorbereitung der Arbeitsmappen nimmt einige Zeit in Anspruch, die vor Gruppenbeginn vom Trainer eingeplant werden muss. Dasselbe gilt für die Arbeitsblätter der gesamten Schulung, die jeweils in ausreichender Menge kopiert werden müssen.

Klärung der wichtigsten Gruppenregeln

Bei der Klärung der wichtigsten Gruppenregeln geht es vor allem um den Aufbau von Vertrauen bei den Teilnehmern, die Reduktion von Angst bezogen auf die Gruppenarbeit und die Herstellung ei-

ner kooperativen Arbeitshaltung. Teilweise ist dies bereits durch die Darstellung der Schulungsinhalte und die Besprechung konkreter Erwartungen geschehen. Das Vertrauen der Teilnehmer in die Gruppenarbeit (z.B. sich zu jeder Zeit ohne Angst vor Kritik und Zurückweisung aktiv und offen an der Gruppenarbeit beteiligen zu können) kann nicht durch feste Regelungen hergestellt werden, sondern wird sich im Laufe der Gruppenarbeit entwickeln. In Anlehnung an P. Fiedler (1996) raten wir daher, in der ersten Gruppensitzung keine starren, vorab normativ festgesetzten Gruppenregeln aufzustellen, da diese die Teilnehmer unter Umständen verunsichern und im Verlauf der Gruppenarbeit möglicherweise ein restriktives Eingreifen des Trainers notwendig machen können.
Bei der Klärung der Gruppenregeln sollten daher explizit nur:

- die »Schweigepflicht« innerhalb der Gruppe (persönliche Beiträge anderer Teilnehmer sollten nicht nach außen getragen werden),
- der Modus der Entschuldigung bei Krankheit oder Urlaub sowie
- die Reduktion der Angst vor Selbstöffnungszwang (jeder kann sich beteiligen, wann er möchte)

angesprochen werden. Die übrigen Gruppenregeln sollten eher implizit im Verlauf des Programms modellhaft vom Trainer angeregt und umgesetzt werden. Beispielsweise können Teilnehmer, die anderen ins Wort fallen, freundlich gebeten werden, sich ihren Beitrag kurz zu merken, man wolle erst noch hören, was der andere Teilnehmer gerade habe sagen wollen. Der Trainer gibt nie negatives Feedback, ohne vorher den Teilnehmer gefragt zu haben, ob er dies möchte und ist auf diese Weise Modell für die Gruppe.

MATERIALIEN

- Tafel, Flipchart, Arbeitsmappen, Kugelschreiber und Papier für die Teilnehmer, Karten und Stifte für Satzergänzungsübung

- Begrüßung
- Leitfragen für das Partnerinterview
- 3-Kreise-Modell
- Terminplan
- Vorabinformationen für Teilnehmer
- Arbeitsblatt 1: Inhaltsübersicht
- Arbeitsblatt 2: 3-Kreise-Modell

2. Unterprogramm: Einstieg in das Thema Arbeit

Zielsetzung:

→ lockere Gewöhnung an die Gruppenarbeit
→ Differenzierung des Arbeitsbegriffs
→ Abgrenzung von anderen Formen des Tätig- und Beschäftigtseins
→ Darstellung des Spektrums von Arbeit und Arbeitsmöglichkeiten

Dauer:

eine Sitzung

Inhalte:

1. Brainstorming und Strukturierung durch Kartenabfrage

Brainstorming und Strukturierung durch Kartenabfrage

Ziel dieses Unterprogramms ist es, die Teilnehmer an die Arbeitsweise der Gruppe zu gewöhnen und ihnen zu ermöglichen, sich angstfrei zu beteiligen. Außerdem soll das häufig emotional besetzte Thema Arbeit thematisch aufgefächert werden. Methodisch wird ein Brainstorming mit einer Satzergänzungsübung verwendet. Der Trainer schreibt zwei Leitfragen an das Flipchart:

LEITFRAGE ?

- »Was bedeutet Arbeit für Sie?«
- »Was fällt Ihnen zum Thema Arbeit ein?«

Beide Fragen können unabhängig voneinander beantwortet werden, die Reihenfolge ist egal. Die Teilnehmer werden angeregt, alle Einfälle zu diesen Themenbereichen zu äußern. Der Trainer verteilt Stifte und Karten an einige Teilnehmer mit der Bitte, die Einfälle aufzuschreiben. Die beschriebenen Karten werden auf dem Boden gesammelt. Die Teilnehmer können Stift und Karten nach einiger Zeit an ihren Nachbarn weitergeben. Auch diese Übung dient dazu, den Teilnehmern eine aktive Rolle im Gruppenprozess zu übertragen. Daher sollte keinesfalls nur der Trainer schreiben.

Der Trainer sollte die Teilnehmer bewusst zu freien Assoziationen zum Thema Arbeit anregen und darauf achten, dass möglichst jeder Teilnehmer sich beteiligen kann. Die Beiträge werden auf Karten geschrieben, wobei jeweils nur ein Begriff oder Inhalt auf einer Karte stehen sollte und die Teilnehmer sich beim Schreiben abwechseln sollten. Die Karten werden zwischen den Teilnehmenden ausgebreitet, entweder auf einem großen Tisch oder auf dem Boden. Wenn die Begriffssammlung abgeschlossen ist (es empfiehlt sich, nicht wesentlich mehr als 30 Karten zu sammeln), regt der Trainer an, die Karten inhaltlich zu ordnen. Zusammengehörige Begriffe sollen einander zugeordnet werden, dann sollen Oberbegriffe für diese Kategorien gefunden werden. Je nach kognitiver Differenzierungsfähigkeit der einzelnen Teilnehmer und der Anzahl der gesammelten Begriffe kann der Trainer die Oberbegriffe vorgeben oder von der Gruppe erarbeiten lassen. Wenn insgesamt sehr viele Begriffe gesammelt wurden, kann es schwierig und zeitraubend sein, die Oberbegriffe in der Gruppe zu erarbeiten. In jedem Fall sollte sich der Trainer zur Strukturierung über die gesamte Bandbreite des Spektrums im Klaren sein. Wichtige Bestandteile des Spektrums können sein:

- Vorteile von Arbeit
- Nachteile von Arbeit
- Voraussetzungen für Arbeit
- unterschiedliche Arbeits- und Unterstützungsmöglichkeiten
- andere Formen der Tätigkeit bzw. Beschäftigung

Die Zuordnung der Karten zu Oberbegriffen sollte an einer Pinnwand erfolgen. Die Oberbegriffe können an der Pinnwand bereits vorgegeben sein, die Teilnehmer ordnen dann die Karten den passenden Begriffen zu. Etwas anspruchsvoller, aber für die meisten Teilnehmer gut zu bewältigen, ist die Aufgabe, die Oberbegriffe selbst zu finden. Bei dieser Vorgehensweise ordnen die Teilnehmer zunächst zusammenhängende Begriffe an der Pinnwand einander zu und versuchen dann, für die einzelnen Gruppen Oberbegriffe zu finden. Welche Vorgehensweise der Trainer wählt, hängt davon ab, wie er die Gruppe einschätzt. In jedem Fall sollten die Teilnehmer möglichst viele konkrete Handlungen – Aufstehen, Karten anpinnen etc. – selbst übernehmen, um für Aktivität und Abwechslung zu sorgen. Wenn die Zuordnung abgeschlossen ist, betrachten Teilnehmer und Trainer gemeinsam die Ergebnisse, denken noch ein wenig über die vielfältigen Facetten des Themas Arbeit nach und ergänzen bei Bedarf weitere Begriffe. Das Ergebnis kann dann etwa so aussehen:

ABBILDUNG 2

Beispiele für die Zuordnung der Karten zu Oberbegriffen

Vorteile von Arbeit

- Geld
- Anerkennung
- Spaß
- Urlaub
- Leute treffen
- Erfolg
- keine Langeweile

Nachteile von Arbeit

- Stress
- strenger Chef
- Mobbing
- Lärm
- aufstehen müssen

Voraussetzungen für Arbeit

- Gesundheit
- Konzentration
- sich anpassen können
- Antrieb

Arbeits- und Unterstützungsmöglichkeiten

- Sozialhilfe
- Rente
- Selbsthilfefirma
- Eingliederungsdienst

andere Tätigkeitsformen

- Haushalt
- Hobbys
- Freizeit
- Urlaub
- Therapie

Abschließend ordnet der Trainer die gefundenen Oberbegriffe in den Gesamtzusammenhang ein und verdeutlicht den Teilnehmern, dass man im Verlauf der ZERA-Gruppe auf alle Aspekte eingehen wird. Beispielsweise auf die Nachteile von Arbeit im Zusammenhang mit Stress und Überforderung, auf die Vorteile von Arbeit im Zusammenhang mit psychischer Gesundung und mit beruflichen Wünschen und Zielen und auf die Rahmenbedingungen im Unterprogramm 5. Abschließend wird ein Foto von der Pinnwand angefertigt und in der nächsten Sitzung an alle Teilnehmer als erstes selbst gefertigtes Arbeitsblatt verteilt. Wenn möglich, sollten die Karten bis zur nächsten Sitzung hängen bleiben, damit sie zum Einstieg in die nächste Sitzung noch einmal betrachtet werden können und auch Teilnehmern, die die Sitzung verpasst haben, gezeigt werden können.

Hinweise für den Trainer!

- Diese Übung dient vor allem einer lockeren Annäherung an das Thema Arbeit und einer vertrauensbildenden Eingewöhnung in die Gruppenarbeit. Dabei muss der Trainer darauf achten, grundsätzlich jeden Beitrag der Teilnehmer positiv aufzunehmen, wertzuschätzen und nicht zu bewerten, damit alle Teilnehmer die Erfahrung machen können, dass es ihnen gelingt, sich zu beteiligen.

- Beim Aufschreiben der Beiträge sollte aus diesem Grund keinesfalls auf korrekte Rechtschreibung hingewiesen werden. Der Trainer sollte explizit darauf hinweisen, dass es nur darauf ankommt, erkennen zu können, welcher Begriff gemeint war.
- Hier machen die Teilnehmer erstmals Bekanntschaft mit der Vorgehensweise, sich ein Themengebiet durch Sammlung von zugehörigen Begriffen auf Karten und anschließende Zuordnung zu Oberbegriffen zu erarbeiten. Diese Vorgehensweise wird auch in späteren Unterprogrammen immer wieder Verwendung finden.
- Erfahrungsgemäß fallen den Teilnehmern deutlich mehr Vorteile als Nachteile von Arbeit ein. Dieser Umstand wird bei der Zuordnung zu Oberbegriffen auf Plakaten deutlich und sollte in der Gruppe thematisiert werden.
- Wenn die Teilnehmer viele einzelne Begriffe gesammelt haben, muss der Trainer strukturierend eingreifen und beispielsweise die Zuordnung zu Oberbegriffen zeitlich begrenzen oder die Teilnehmer dabei inhaltlich unterstützen, um diesen Vorgang nicht zu langwierig werden zu lassen.
- Über die Zuordnung zu den Oberbegriffen kann durchaus in der Gruppe diskutiert werden (»Ist das eher ein Vorteil oder ein Nachteil von Arbeit?«), sofern diese Diskussionen lebhaft und interessant sind. Es ist jedoch nicht notwendig oder wünschenswert, einen Gruppenkonsens über die Zuordnung einzelner Karten zu bestimmten Oberbegriffen zu erzielen. Es ist auch möglich, einen Begriff zweimal auf Karten zu notieren, wenn die Gruppe der Meinung ist, dass er unter mehrere Oberbegriffe zugeordnet werden kann. So kann beispielsweise das morgendliche Aufstehen sowohl als Vorteil als auch als Nachteil von Arbeit angesehen werden.

MATERIALIEN

- Tafel, Flipchart, Arbeitsmappen, Kugelschreiber und Papier für die Teilnehmenden, Karten und Stifte für Satzergänzungsübung, Pinnwand für die Zuordnung zu Oberbegriffen
- Kamera für Digitalfoto

3. Unterprogramm: Zusammenhang zwischen Arbeit und dem Verlauf einer psychischen Erkrankung

Zielsetzung:

- → Verdeutlichung des Einflusses von Arbeit auf den Verlauf einer psychischen Erkrankung
- → Erarbeitung des Verletzlichkeits-Stress-Modells
- → Förderung von Krankheitseinsicht
- → Erarbeitung und Bewusstmachung individueller Frühwarnzeichen
- → Erarbeitung von Strategien zur Rückfallprophylaxe
- → Erarbeitung eines Krisenplans im Bereich Arbeit

Dauer:

3–4 Sitzungen

Inhalte:

- Einführung
- Erarbeitung des Verletzlichkeits-Stress-Modells
- Wie entstehen psychische Krisen?
- Frühwarnzeichen
- Strategien zur Rückfallprophylaxe
- Erarbeitung eines persönlichen Krisenplans
- Zusammenfassung und Ausblick

Einführung

Anhand der gesammelten Begriffe aus der letzten Sitzung (die möglichst auf Plakaten an der Wand oder an einer Pinnwand befestigt sind), werden positive und negative Wirkungen von Arbeit auf den Verlauf einer psychischen Erkrankung herausgearbeitet. Diese Reflexion kann anhand folgender Leitfragen vertieft werden:

LEITFRAGE ?→ »Wie wirkt sich längerfristige Überforderung auf das Wohlbefinden und die psychische Erkrankung aus?«

»Wie wirkt sich längerfristige Unterforderung auf das Wohlbefinden und die psychische Erkrankung aus?«

Anhand dieser Fragen wird deutlich, dass sowohl längerfristige Überforderung als auch längerfristige Unterforderung sich negativ auf den Krankheitsverlauf auswirken (Nachteile von Arbeit aus der Sammlung in Unterprogramm 2). Für die eigene Genesung ist das Wahrnehmen und Aufsuchen des optimalen Belastungsniveaus wichtig. Eine längerfristige Tätigkeit mit optimalen Anforderungen trägt zur Rückfallprophylaxe und Lebensqualität bei (Vorteile von Arbeit aus der Sammlung in Unterprogramm 2).

Erarbeitung des Vulnerabilitäts-Stress-Modells

←…? LEITFRAGE

Anhand der Leitfrage: »Warum entwickeln manche Menschen unter starken Stressbelastungen eine psychische Erkrankung?« Die Diskussionsbeiträge werden auf Flipchart gesammelt.
Das Stichwort Verletzlichkeit oder Vulnerabilität wird vom Trainer aufgegriffen und genutzt, um das Verletzlichkeits-Stress-Bewältigungs-Modell zu erklären:
Bei Menschen, die an einer psychischen Erkrankung leiden, kann das Zusammentreffen von Verletzlichkeit und Stress zum Überschreiten einer kritischen Grenze und zum Ausbruch der psychischen Erkrankung führen.
Vulnerabilität oder Verletzlichkeit wird als etwas Überdauerndes verstanden. Sie ist genetisch veranlagt oder erworben.

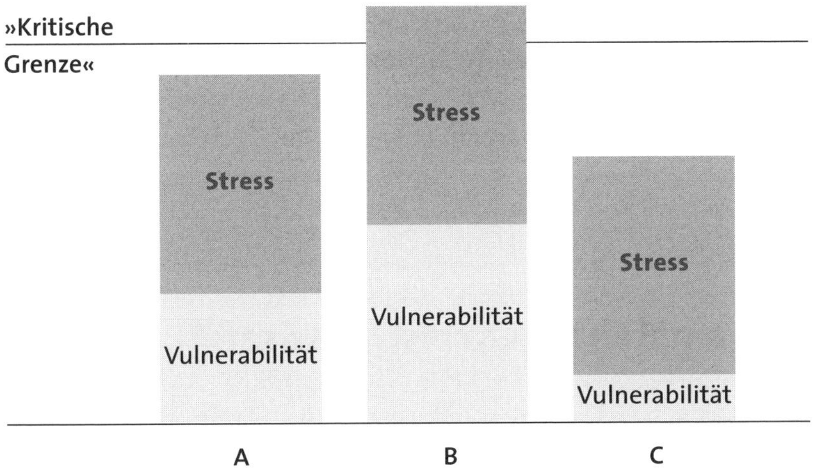

ABBILDUNG 3 = ARBEITSBLATT 3
Verletzlichkeits-Stress-Bewältigungs-Modell (BÄUML 1994)

An den Beispielen A, B, C kann der Zusammenhang zwischen Vulnerabilität und Stress zunächst am Flipchart mit den Teilnehmern erarbeitet werden:
Bei Menschen mit einer geringen Vulnerabilität (A) führt erst starker Stress zu einer psychischen Erkrankung. Bei Menschen mit einer stark ausgeprägten Vulnerabilität (B) genügt bereits eine geringe Stressdosis, um die kritische Grenze zu erreichen und eine psychische Erkrankung auszulösen. Bei Menschen, bei denen keine Vulnerabilität (C) für eine psychische Erkrankung vorliegt, ist die Wahrscheinlichkeit sehr gering, eine psychische Erkrankung zu entwickeln.

Hinweise für den Trainer!

- In diesem Zusammenhang wird das Verletzlichkeits-Stress-Bewältigungs-Modell als ein Erklärungsmodell für psychische Erkrankungen allgemein eingeführt.
- Es sollte dabei die Übertragung auf unterschiedliche psychische Störungen und Erkrankungen reflektiert werden. Es besteht die Annahme, dass verschiedene psychische Störungen wie z.B. Depressionen, Erkrankungen aus dem schizophrenen Formenkreis, Zwangsstörungen, schizoaffektive Störungen, verschiedene Persönlichkeitsstörungen durch störungsspezifische Verletzlichkeiten mit verursacht sind. Es ist davon auszugehen, dass dies ebenfalls auf eine Vielzahl organischer Erkrankungen zutrifft z.B. Diabetes, Allergien, Bluthochdruck.

Der Trainer sollte darauf hinweisen: Andere Menschen erleiden bei der Überschreitung ihrer kritischen Grenze Symptome gemäß ihrer individuellen Verletzlichkeit. Ein Klient sprach in diesem Zusammenhang von einer angeborenen »Sollbruchstelle«. Vermutlich verfügt jeder Mensch über eine solche »Sollbruchstelle« und reagiert mit entsprechenden Symptomen, diese können körperlicher oder psychischer Natur sein.
Die spezifische Vulnerabilität stellt also die Ursache einer psychischen Erkrankung dar, die Stressbelastung ist dagegen einer der konkreten Auslöser einer akuten Erkrankungsepisode.

Wie entstehen psychische Krisen?

Bezug nehmend auf das Verletzlichkeits-Stress-Bewältigungs-Schaubild (vgl. Abbildung 4) erarbeitet der Trainer mit den Teilnehmern ein Erklärungsmodell für psychische Krisen am Flipchart:

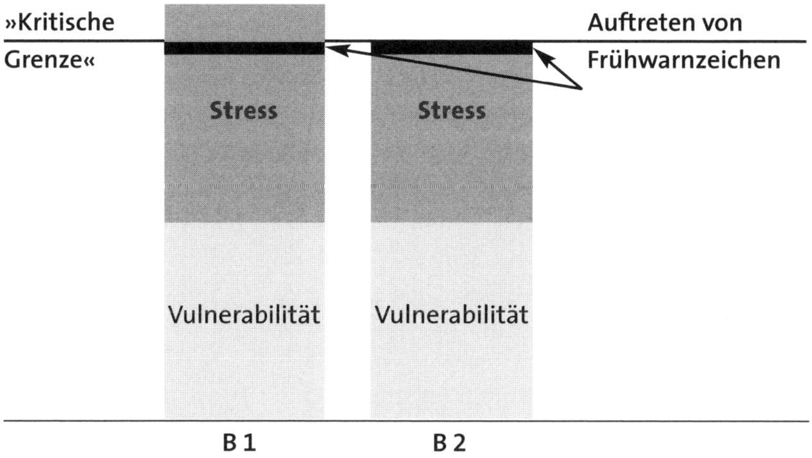

ABBILDUNG 4 = ARBEITSBLATT 3
Verletzlichkeits-Stress-Bewältigungs-Modell und Frühwarnzeichen

Eine psychische Erkrankung wird ausgelöst, wenn eine Person (B1) mit einer angeborenen Verletzlichkeit mit so starken Belastungen konfrontiert wird, dass die erlebte Stressreaktion eine kritische Grenze überschreitet.

Die meisten Betroffenen erleben vor dem Ausbruch einer psychischen Erkrankung sogenannte Frühwarnzeichen (B2), diese treten kurz vor dem Überschreiten der kritischen Grenze auf.

Frühwarnzeichen sind Signale des Körpers und der Psyche, dass eine kritische Grenze erreicht ist und der Organismus durch zu viel Stress überlastet ist.

Man kann diese Signale symbolisch verstehen, wie ein Ampelsignal, das auf rot umschaltet. Das rote Ampelsignal bedeutet, dass man anhalten soll und solange die Ampel rot ist in diese Richtung nicht mehr weiterfahren darf.

Analog dazu signalisieren körperliche oder psychische Frühwarnzeichen, dass der Organismus durch zu viel Stressbelastungen aus dem Gleichgewicht geraten und überfordert ist.

Frühwarnzeichen treten in der Regel Tage oder Wochen vor dem Ausbruch oder Rückfall einer Erkrankung auf. Sie fordern ebenfalls zum Handeln auf, um den Rückfall zu verhindern. In der Darstellung B2 wird deutlich, wie es gelingen kann, die kritische Grenze nicht zu überschreiten. Dies geschieht durch rechtzeitiges Erkennen der Frühwarnzeichen, durch wirksame Entlastung und angemessene Unterstützungsangebote. Nachfolgend geht es darum, die eigenen Frühwarnzeichen oder starken Stresssymptome herauszuarbeiten.

Frühwarnzeichen

Anhand nachfolgender Leitfrage sammelt der Trainer mit den Teilnehmern am Flipchart typische Frühwarnzeichen.

LEITFRAGE ?
»Welche Frühwarnzeichen kennen Sie? Welche Frühwarnzeichen haben Sie Tage oder Wochen vor Ihrer letzten Krise erlebt?«
Dabei können folgende typische Frühwarnzeichen genannt werden:
Ängste, Schlaflosigkeit, Stimmen hören, nicht mehr zur Ruhe kommen, Alpträume etc.

Hinweise für den Trainer!

- Im Zusammenhang mit der Sammlung von Frühwarnzeichen kann die Frage auftauchen, wie sich alltägliche Stresssymptome von Frühwarnzeichen unterscheiden. Nachfolgender Unterschied kann dabei herausgearbeitet und diskutiert werden:

Alltägliche Stresssymptome	Frühwarnzeichen = starke Stresssymptome
·· verschwinden in der Regel wieder in Erholungsphasen	·· signalisieren Rückfall oder eine bevorstehende Krise
·· sind alltäglich, gehören zur Alltagsbewältigung	·· sind nicht alltäglich
·· weniger intensiv und dauerhaft als Frühwarnzeichen (z. B. eine schlaflose Nacht)	·· intensiver und dauerhafter als alltäglich Stresssymptome (z. B. Schlafstörungen mehrere Tage bzw. Wochen)
·· die Teilnehmer haben i. d. R. gelernt, damit zu leben	·· Frühwarnzeichen können als sehr starke Stresssymptome verstanden werden

- Durch oben dargestellte Unterscheidung soll deutlich gemacht werden, dass alltägliche Stresssymptome oft Teil der Alltagsbewältigung oder Ausdruck einer chronischen Belastung sind und nicht sofort als Krisensymptome gedeutet werden müssen. Diese Unterscheidung kann an Beispielen verdeutlicht werden. So ist beispielsweise für einen Klienten, der dauerhaft Stimmen hört, das Stimmenhören per se kein Frühwarnzeichen. Das Neuauftreten von Stimmen stellt in einem anderen Fall aber sehr wohl ein deutliches Frühwarnzeichen dar.

- Psychisch kranke Menschen leiden z.T. täglich unter psychischen Belastungen oder Einschränkungen, die aber keine Frühwarnzeichen darstellen. Als Frühwarnzeichen gelten die Symptome, die insbesondere vor Krisen auftreten.
- Die Teilnehmer sollten also auch unterscheiden lernen, was für sie alltägliche Stresssymptome darstellen und welche typischen Frühwarnzeichen oder starken Stresssymptome sie kennen.
- Menschen, die an einer Psychose leiden, kennen häufig das Wort Frühwarnzeichen bereits. Mit Menschen, die nicht an einer Psychose leiden, kann auch von starken Stresssymptomen geredet werden.

Nach der Sammlung von Frühwarnzeichen am Flipchart bearbeiten die Teilnehmer die Arbeitsblätter. Arbeitsblatt 4 enthält eine Übersicht über typische Frühwarnzeichen für Menschen mit unterschiedlichen psychischen Erkrankungen.

ARBEITSBLATT 4

Arbeitsblatt 4 – 3. Unterprogramm **Frühwarnzeichen**

Bitte kreuzen Sie an, welche Stresssymptome bei Ihnen vor einer psychischen Krise am ehesten auftreten. Markieren Sie anschließend maximal vier wesentliche Frühwarnzeichen.

Körperliche Symptome	trifft voll zu	trifft eher zu	trifft eher nicht zu	trifft gar nicht zu
Ich fühle mich rastlos und unruhig	☐	☐	☐	☐
Ich fühle mich körperlich sehr angespannt	☐	☐	☐	☐
Ich fühle mich stark erregt	☐	☐	☐	☐
Ich bin müde	☐	☐	☐	☐
Ich leide unter Kopfschmerzen	☐	☐	☐	☐
Ich habe Ein- und Durchschlafschwierigkeiten	☐	☐	☐	☐
Ich habe Magen-Darm-Beschwerden	☐	☐	☐	☐
Ich habe Hautausschläge, Ekzeme	☐	☐	☐	☐
Ich leide unter Appetitverlust	☐	☐	☐	☐
Ich habe Schmerzen	☐	☐	☐	☐
Sonstige körperliche Symptome:	☐	☐	☐	☐
Psychische Symptome				
Ich beschäftige mich mit ein oder zwei Themen	☐	☐	☐	☐
Ich beziehe vieles auf mich persönlich	☐	☐	☐	☐
Ich habe vermehrt schlechte Träume	☐	☐	☐	☐
Ich höre Stimmen	☐	☐	☐	☐
Ich erlebe Wahrnehmungsveränderungen	☐	☐	☐	☐
Ich erlebe Dissoziationen	☐	☐	☐	☐
Ich habe das Gefühl, mein Körper verändert sich	☐	☐	☐	☐
Ich beschäftige mich verstärkt mit religiösen Themen	☐	☐	☐	☐
Ich habe das Gefühl, andere reden über mich	☐	☐	☐	☐
Ich habe das Gefühl, andere kontrollieren mich	☐	☐	☐	☐
Ich habe das Gefühl von Mutlosigkeit und Trauer	☐	☐	☐	☐
Ich bin leicht irritierbar	☐	☐	☐	☐
Ich neige leicht zu Wutanfällen	☐	☐	☐	☐
Ich fühle mich verzweifelt	☐	☐	☐	☐
Ich empfinde Ekelgefühl	☐	☐	☐	☐
Ich habe vermehrt Ängste	☐	☐	☐	☐
Ich fühle mich depressiv	☐	☐	☐	☐

Hinweise für den Trainer!

- Der Trainer sollte darauf achten, dass die Teilnehmer nicht alle Items ankreuzen, die sie schon mal erlebt haben, sondern nur spezifische Symptome, die mit einem Rückfall oder der Verschlimmerung der Erkrankung verknüpft sind. An dieser Stelle kann noch einmal darauf hingewiesen werden, dass in diesem Arbeitsblatt nicht die alltäglichen Stresssymptome angekreuzt werden sollen.
- Für einzelne Teilnehmer kann die Auseinandersetzung mit Frühwarnzeichen Verunsicherung auslösen, vor allem wenn sie alltägliche Stresssymptome nicht von Frühwarnzeichen unterscheiden können oder wenn sie sich zu sehr an die Erkrankung erinnert fühlen. Diese Teilnehmer können gegebenenfalls diesen Teil auch auslassen.

Es steht ein weiteres Arbeitsblatt 5 zur Verfügung, um die speziellen Frühwarnzeichen am Arbeitsplatz einzutragen. Dies kann Teilnehmern helfen, auch beobachtbare Frühwarnzeichen für ihre Rückfallprophylaxe zu nutzen und im nachfolgenden Krisenplan zu vermerken.

ARBEITSBLATT 5

Arbeitsblatt 5 – 3. Unterprogramm

Frühwarnzeichen am Arbeitsplatz

Bitte kreuzen Sie an, welche Stresssymptome bei Ihnen vor einer psychischen Krise am Arbeitsplatz auftreten. Markieren Sie anschließend maximal zwei bis drei wesentliche Frühwarnzeichen.

	trifft voll zu	trifft eher zu	trifft eher nicht zu	trifft gar nicht zu
Ich fühle mich rastlos und unruhig	☐	☐	☐	☐
Ich kann mich immer schlechter konzentrieren	☐	☐	☐	☐
Ich kann mich morgens oft gar nicht mehr aufrafffen, zur Arbeit zu gehen	☐	☐	☐	☐
Ich überlege ständig, ob meine Kollegen etwas gegen mich haben	☐	☐	☐	☐
Ich fühle mich häufig zu Unrecht kritisiert	☐	☐	☐	☐
Ich traue mir plötzlich viel weniger zu und habe verstärkt Angst vor Fehlern	☐	☐	☐	☐
Die Gespräche und Verhaltensweisen der anderen gehen mir immer mehr auf die Nerven	☐	☐	☐	☐
Ich weiß manchmal nicht mehr, wie eine Arbeitsaufgabe geht, obwohl ich sie schon oft gemacht habe	☐	☐	☐	☐
Die Geräusche in der Arbeitsgruppe kommen mir plötzlich viel lauter vor und stören mich mehr	☐	☐	☐	☐
Ich muss immer häufiger Pausen machen	☐	☐	☐	☐
Ich habe plötzlich das Gefühl, nicht mehr einen ganzen Tag lang durchhalten zu können	☐	☐	☐	☐
Ich muss mich die ganze Zeit genau beobachten und sehr konzentrieren, damit ich nicht alles durcheinanderbringe	☐	☐	☐	☐
Ich bin immer müde und schlafe am Arbeitsplatz häufiger ein	☐	☐	☐	☐
Ich bin zunehmend unruhig und halte es nicht lange mit derselben Arbeit aus	☐	☐	☐	☐
Wenn etwas nicht gleich klappt, gebe ich sofort auf, ich habe gar keine Geduld mehr	☐	☐	☐	☐
Manchmal bin ich ganz abwesend und nehme gar nicht mehr wahr, was um mich herum passiert	☐	☐	☐	☐
Ich kann öfter nicht richtig folgen, wenn jemand mit mir spricht oder mir etwas erklärt	☐	☐	☐	☐

Wichtig ist dabei, dass jeder Teilnehmer sich zwei oder drei typische Frühwarnzeichen bewusst macht oder auch Veränderungen, die von anderen wahrgenommen werden.
Der Trainer weist wiederholt darauf hin: Je klarer jeder Einzelne seine Frühwarnzeichen kennt, desto besser kann jeder für sich selbst sorgen, sich schützen und sich selbst helfen. Im letzten Schritt geben die Teilnehmer an, welche persönlichen Frühwarnzeichen bei ihnen vor einer Krise oder einem Rückfall auftreten. Dabei sollen sie maximal vier auswählen und weitere zwei arbeitsplatzbezogene. Die Auswahl treffen sie, indem sie die entsprechenden Frühwarnzeichen auf den Arbeitsblättern 4 und 5 markieren.

Strategien zur Rückfallprophylaxe

Der Trainer erarbeitet mit den Teilnehmenden, was sie tun können, um eine Krise abzuwenden. Dies kann am Verletzlichkeits-Stress-Bewältigungs-Schaubild verdeutlicht werden: Die Person B hat eine Krankheitsepisode (B1) erlebt, zum Zeitpunkt B2 nimmt sie wahr, dass Frühwarnzeichen auftreten.
Leitfrage: »Was kann man tun, um einen Rückfall zu verhindern?«

←… ? LEITFRAGE

Die gesammelten Strategien werden am Flipchart gesammelt, dabei kann unterschieden werden zwischen:

- Entlastungsmöglichkeiten (Arbeit reduzieren, krankschreiben lassen, schlafen, entspannen etc.)
- Unterstützungsmöglichkeiten (Medikation erhöhen, Arzt aufsuchen, Gruppenleiter informieren etc.)

Anhand der Arbeitsblätter 6 und 7 erarbeiten die Teilnehmer Strategien, die für sie entlastend wirken, und Unterstützungsangebote, die sie im Krisenfall nutzen können.

ARBEITSBLATT 6 + 7

Arbeitsblatt 6 – 3. Unterprogramm
Entlastungs- und Unterstützungsmöglichkeiten zur kurzfristigen Stressreduktion

Auf diesem Arbeitsblatt können Sie Entlastungs- und Unterstützungsmöglichkeiten ankreuzen, die Ihnen helfen, Stress zu reduzieren und Krisen abzuwenden.

- **Welche Entlastungsmöglichkeiten helfen Ihnen, Stress zu reduzieren und Krisen zu bewältigen? Kreuzen Sie die Möglichkeiten zur Selbsthilfe an, die Ihnen guttun und zu einer Entlastung beitragen.**

Zur Entlastung kann ich:	Zur Entlastung kann ich:
☐ Medikation einnehmen	☐ Bedarfsmedikation einnehmen
☐ Musik hören	☐ Entspannungsbad nehmen
☐ mich ausheulen	☐ früh ins Bett gehen
☐ fernsehen	☐ richtig ausschlafen
☐ mich kreativ betätigen (malen, tonen etc.)	☐ mich sportlich betätigen (Fahrrad fahren, Gymnastik ...)
☐ aufräumen	☐ einem Hobby nachgehen
☐ Buch lesen	☐ Beruhigungstee trinken
☐ bummeln gehen	☐ Tagebuch schreiben
☐ früher die Arbeit beenden	☐ spazieren gehen

Weitere Entlastungsmöglichkeiten:

- **Welche Unterstützungsmöglichkeiten helfen Ihnen, Stress zu reduzieren und Krisen abzuwenden?**

Unterstützungsmöglichkeiten	Unterstützungsmöglichkeiten
☐ Gespräch mit Ärztin	☐ Gespräch mit Gruppenleiter
☐ Gespräch mit Psychologin	☐ Betreuer
☐ Sozialpsychiatrischer Dienst	☐ Sozialdienst
☐ Gespräch mit Bezugsperson (Sozialarbeiter, Psychologin)	☐ Gespräch mit Freund

Weitere Unterstützungsmöglichkeiten:

Arbeitsblatt 7 – 3. Unterprogramm
Entlastungs- und Unterstützungsmöglichkeiten am Arbeitsplatz

- **Welche Entlastungsmöglichkeiten helfen Ihnen am Arbeitsplatz, um eine Krise abzuwenden?**

Zur Entlastung kann ich:	Zur Entlastung kann ich:
☐ auf Pausen achten	☐ Kurzentspannungsübung
☐ langsam arbeiten	☐ Nein sagen
☐ Arbeitszeit reduzieren	☐ Mich krankschreiben lassen
☐ Aufmerksamkeit auf den nächsten Schritt lenken	☐ Tätigkeit, die mir guttut, aussuchen
☐ Routinetätigkeit aufnehmen	☐ später anfangen
☐ Ruheraum aufsuchen	☐ früher aufhören

Weitere Entlastungsmöglichkeiten:

- **Welche Unterstützungsmöglichkeiten können Sie am Arbeitsplatz nutzen, um eine Krise abzuwenden?**

Unterstützungsmöglichkeiten	Unterstützungsmöglichkeiten
☐ den Gruppenleiter über meinen Krisenplan informieren	☐ Gruppenleiter/Vorgesetzter
☐ Sozialdienst	☐ Psychologin

Weitere Unterstützungsmöglichkeiten:

Erstellen eines persönlichen Krisenplans

Die Entlastungs- und Unterstützungsmöglichkeiten dienen dazu, das Erstellen eines persönlichen Krisenplans (Arbeitsblatt 8) vorzubereiten. Die Teilnehmer sollen für sich ein angemessenes Vorgehen entwickeln bzw. Strategien nutzen, die sich in der Vergangenheit bewährt haben, um eine Krise abzuwenden.

»Im Krisenplan wird dieses Vorgehen schriftlich festgelegt. Es ist ein Leitfaden, um beim Auftreten von Frühwarnzeichen rasch das Richtige zu tun.« (Bäuml 1994)

Ein Krisenplan enthält vier Elemente:

- Individuellen Frühwarnzeichen
- Entlastungsmöglichkeiten
- Unterstützungsmöglichkeiten
- Verteiler

ARBEITSBLATT 8

Arbeitsblatt 8 – 3. Unterprogramm
Krisenplan

Persönlicher Krisenplan von: ....

1. Frühwarnsymptome:

Eine beginnende Krise äußert sich bei mir allgemein durch folgende Symptome:

1. ....
2. ....
3. ....
4. ....

Welche Frühwarnzeichen nehme ich am Arbeitsplatz wahr?

1. ....
2. ....

2. Entlastungsmöglichkeiten:

Wie kann ich selbst bei einer beginnenden Krise für Entlastung sorgen?
(Was hat mir in der Vergangenheit geholfen?)

....

....

Wie kann ich mich am Arbeitsplatz entlasten?

....

....

3. Unterstützungsmöglichkeiten:

An wen wende ich mich bei einer beginnenden Krise?
(Es sollte jemand sein, der mich ruhig und gelassen unterstützen kann.)

Wer?	Telefon?

4. Verteiler:

Wen möchte ich informieren über meinen persönlichen Krisenplan?

....

....

Der Krisenplan wird zunächst in Einzelarbeit ausgefüllt. Der Trainer beantwortet kurz persönliche Fragen. Danach werden der Reihe nach die Krisenpläne in der Gruppe durchgesprochen.

Dabei sollte jeder Teilnehmende Antworten auf folgende Fragen gefunden haben:

1. Welche Frühwarnzeichen treten vor einer beginnenden Krise auf? Woran können andere bemerken, dass es Ihnen schlechter geht? Gibt es spezifische Frühwarnzeichen am Arbeitsplatz?
2. Welche Entlastungen zur Stressreduktion sind notwendig? Ist Bedarfsmedikation oder Erhöhung der Medikation angezeigt?
3. Welche Unterstützungsmöglichkeiten sind notwendig? Von wem?
4. Wer soll informiert werden über den Krisenplan? (Verteiler)

Bei der Besprechung des Krisenplans sollte der Trainer darauf hinweisen, dass es für den Einzelnen wichtig ist, vor einer Krise zu wissen, welche Strategien hilfreich und wirksam sind, einen Rückfall zu verhindern.

In Krisenzeiten fällt es oft schwer zu überlegen, was man für sich tun kann, deshalb sollte man in ruhigeren Lebensphasen einen Plan und entsprechende Strategien zur Rückfallprophylaxe erarbeiten. Es ist auch sinnvoll, wichtige Vertrauenspersonen über den Krisenplan zu informieren.
Angehörige und Freunde reagieren oft hilflos auf psychische Krisen von Betroffenen. Wenn sie wissen, was für den Betroffenen hilfreich ist, können Missverständnisse vermieden und soziale Konflikte verhindert werden. Beispielsweise ziehen sich Betroffene in Krisenzeiten häufig zurück, die Angehörigen machen sich Sorgen und kümmern sich verstärkt um ihren Sohn / Tochter, diese ziehen sich dann weiter zurück, sodass ein Teufelskreis und dadurch zusätzlicher Stress für den Betroffenen entsteht. Deshalb ist es wichtig, dass das soziale Umfeld des Betroffenen mit einbezogen wird und somit zur Entlastung und Unterstützung beitragen kann.

Hinweise für den Trainer!

Folgende Themen sollten von dem Trainer beim Thema Rückfallprophylaxe bedacht werden und bei der Erstellung des Krisenplans ausreichend berücksichtigt werden:

- Das Rückfallrisiko von Menschen mit Erkrankungen aus dem schizophrenen Formenkreis wird durch Neuroleptika-Einnahme deutlich reduziert. Untersuchungen ergaben, dass das Rückfallrisiko bei Psychosen aus dem schizophrenen Formenkreis im ersten Jahr nach der Entlassung aus der Klinik unter neuroleptischer Behandlung 10–20 % beträgt. Ohne neuroleptische Behandlung erhöht sich dieses Rückfallrisiko auf 70–80 %. Deshalb lohnt sich eine Behandlung mit Neuroleptika trotz der auftretenden Nebenwirkungen.
  Betroffene sollten frühzeitig mit der behandelnden Ärztin besprechen, ob sie im Krisenfall eine vereinbarte Dosis als Bedarfsmedikation einnehmen können. Die Bedarfsmedikation sollte dann auch verfügbar sein.
- Beim Auftreten von Frühwarnzeichen sollte unbedingt der behandelnde Arzt mit einbezogen bzw. informiert werden. Beim Auftreten von Frühwarnzeichen sollten eine Reihe von Fragen mit dem Betroffenen geklärt werden (Bäuml 1994), auch im Hinblick auf die weitere Behandlung:
  - Wurde die Medikation regelmäßig eingenommen?
  - Ist eine Dosiserhöhung erforderlich?
  - Ist eine Umstellung auf ein anderes Präparat notwendig?
  - Sind zusätzliche Medikamente oder Bedarfsmedikation notwendig?

- Ist eine Krankschreibung erforderlich?
- Ist ein vorübergehender Umzug zu Angehörigen oder Freunden erforderlich?
- Ist eine stationäre oder teilstationäre Aufnahme zur Entlastung sinnvoll?
- Sind zusätzliche psychotherapeutische oder soziotherapeutische Maßnahmen erforderlich?

Die aufgezählten Fragen sollten nicht in der Gruppenstunde reflektiert werden, aber es sollte betont werden, wie wichtig es ist, die behandelnde Ärztin, evtl. Sozialarbeiterin zu informieren. Krisen sollten auch ein Anlass sein zu überprüfen, ob die Behandlung für den Betroffenen angemessen ist oder ob Ergänzungen oder Veränderungen im Hinblick auf Medikation, Psycho- und Soziotherapie vorgenommen werden müssen.

- Die Rolle der Angehörigen bei der Rückfallprophylaxe ist nicht zu unterschätzen. Sie nehmen oft als erstes Auffälligkeiten und Veränderungen im Sinne von Frühwarnzeichen bei den Betroffenen wahr. Die Angehörigen sollten in speziellen Angehörigengruppen über die Erkrankung und die Rückfallprophylaxe informiert werden, oder in gezielten Angehörigengesprächen Fragen und Probleme bearbeiten. Einen Überblick über verschiedene Möglichkeiten der Angehörigenarbeit ist bei Bäuml & Pitschel-Walz (2003) zu finden.
- ZERA kann die Durchführung einer störungsspezifischen psychoedukativen Gruppe, eines Stressbewältigungstrainings (Hammer 2009) oder einer Angehörigengruppe nicht ersetzen. Der Schwerpunkt von ZERA liegt auf der Erarbeitung einer Basisbewältigungsstrategie und Rückfallprophylaxe im Krisenplan, auf darüber hinausgehende Bewältigungsstrategien kann allenfalls verwiesen werden.
- Da ZERA vorrangig störungsübergreifend eingesetzt wird, können Hinweise zur Nutzung störungsspezfischer Selbshilfeliteratur gegeben werden.

Zusammenfassung und Ausblick

In der abschließenden Auswertungsrunde wird für jeden Teilnehmer nochmals zusammenfassend besprochen, welcher Zusammenhang für ihn konkret zwischen Arbeit und dem Verlauf seiner Erkrankung besteht. Dabei wird betont, dass es wichtig ist, unterhalb der kritischen Grenze zu bleiben. Sich aber auch nicht zu sehr zu schonen, sonst besteht die Gefahr der längerfristigen Unterforderung. Die Zielsetzung besteht darin, das persönliche optimale Belastungsniveau herauszufinden und die berufliche Situation so zu gestalten, dass man längerfristig im optimalen Belastungsniveau tätig ist.

LEITFRAGE ?

Leitfrage: »Was sind persönliche Signale für das optimale Belastungsniveau? Woran merke ich, dass ich im optimalen Belastungsniveau tätig bin?«

Anhand der Leitfrage wird mit den Teilnehmern erarbeit, welche Gedanken, Gefühle und Körperempfindungen mit dem optimalen Belastungsniveau assoziiert sind. Häufig wird von den Teilnehmern benannt, dass man sich zufriedener, ausgeglichener und weniger durch Symptome belastet fühlt, dass man mehr Spaß an der Arbeit hat, gesünder ist, weniger Rückfälle auftreten etc.

Der Trainer sollte darauf hinweisen, dass das optimale Belastungsniveau sich auch im Laufe der Zeit verändern kann wie z. B. durch Training, Gewöhnung, Älterwerden, Krankheitsverlauf. Deshalb sollte die Bereitschaft und Flexibilität gefördert werden, sich immer wieder neu die eigene Belastbarkeit bewusst zu machen und anzunehmen.

ZERA kann die Teilnehmer dabei unterstützen, für sich selbst das optimale Belastungsniveau herauszufinden. Das 3-Kreise-Modell dient zur Klärung und Erarbeitung konkreter Schritte zur Gestaltung der beruflichen Ziele auf der Basis der persönlichen Stärken und Schwächen, der wertgeschätzten Ziele und des Arbeits- und Unterstützungssystems.

MATERIALIEN

- Flipchart, Begriffssammlung zum Thema Arbeit auf einem Plakat, Arbeitsblätter

- Arbeitsblatt 3: Verletzlichkeits-Stress-Bewältigungs-Modell
- Arbeitsblatt 4: Frühwarnzeichen
- Arbeitsblatt 5: Frühwarnzeichen am Arbeitsplatz
- Arbeitsblatt 6: Entlastungs- und Unterstützungsmöglichkeiten zur kurzfristigen Stressreduktion
- Arbeitsblatt 7: Entlastungs- und Unterstützungsmöglichkeiten am Arbeitsplatz
- Arbeitsblatt 8: Krisenplan

4. Unterprogramm: Aktuelles Profil der Grundarbeitsfähigkeiten

Zielsetzung:

→ Bewusstmachung von Ressourcen
→ Schwächen bewältigungsorientiert angehen
→ Differenzierung der Einschätzung der eigenen Stärken und Schwächen im Hinblick auf Grundarbeitsfähigkeiten durch Selbst- und Fremdeinschätzung
→ Umgang mit Rückmeldungen
→ Korrigierbarkeit von Einschätzungen vermitteln
→ Problemlösetraining: Ansatzpunkte für die Veränderbarkeit von arbeitsbezogenen Schwächen aufzeigen

Dauer:

3–4 Sitzungen

Inhalte:

Teil A: Aktuelles Profil der Grundarbeitsfähigkeiten differenzieren:
1. Einleitung
2. Sammlung möglicher Grundarbeitsfähigkeiten
3. Aktuelle Stärken und Schwächen: Selbst- und Fremdeinschätzung

Teil B: Ansatzpunkte und Strategien für Veränderungen erarbeiten – Problemlösetraining:
1. Allgemeine Vorgehensweise
2. Problemlösetraining

Die Vorgehensweise in diesem Unterprogramm besteht aus zwei Teilen. Zunächst befasst sich Teil A mit den verschiedenen Grundarbeitsfähigkeiten und den aktuellen Stärken und Schwächen der Teilnehmer in Selbst- und Fremdeinschätzung. In Teil B wird dann besprochen, wie man an diesen Schwächen arbeiten und konkret schrittweise Veränderungen einleiten kann (Problemlösetraining).

A: Aktuelles Profil der Grundarbeitsfähigkeiten differenzieren

Einleitung

Zur Einordnung des Kapitels verweist der Trainer auf die übergeordnete Struktur des 3-Kreise-Modells (»Wo liegen zurzeit meine Stärken und Schwächen?«). Im ersten Teil des Unterprogramms geht es darum, den Teilnehmern ihre Stärken und Ressourcen bewusst zu machen und sie in Relation zu den Schwächen im Bereich der Arbeit zu setzen. Diese Schwächen sind den Teilnehmern häufig sehr bewusst, da sie im Rahmen beruflicher Maßnahmen oft thematisiert werden. Explizite Stärken kommen dagegen weniger zur Sprache. Wir versuchen mit dieser Übung, die Ressourcen bewusster zu machen, ohne dabei die Schwächen auszublenden. Häufig gelingt es auch, einen Zusammenhang zwischen beiden zu erkennen, beispielsweise als zwei Seiten einer Medaille. Die Zahl der Stärken und Schwächer ist auf jeweils vier begrenzt, um die Einschätzung übersichtlich zu halten. Die Teilnehmer werden aufgefordert, sich eigeninitiativ Rückmeldung zu holen. Dies soll die in der Regel ohne ausdrücklichen Wunsch des Teilnehmers stattfindenden Rückmelde- und Verlaufsgespräche, die in der beruflichen Rehabilitation üblich sind, ergänzen.

Sammlung möglicher Grundarbeitsfähigkeiten

LEITFRAGE ?....→ Anhand der Leitfragen »Welche Arbeitsgrundfähigkeiten fallen Ihnen ein? Welche Voraussetzungen braucht man, um arbeiten zu können?« sammeln die Teilnehmer durch Brainstorming in der Gruppe Grundarbeitsfähigkeiten. Dabei sollte analog zu der vergleichbaren Übung in Unterprogramm 2 vorgegangen werden, d. h., alle Beiträge werden gesammelt, nicht kommentiert und die Teilnehmer schreiben abwechselnd die Beiträge auf Karten und ordnen sie anschließend in thematisch zusammenhängende Bereiche ein. Der Trainer sollte durch Anregungen und Nachfragen darauf achten, dass die gesammelten Grundarbeitsfähigkeiten möglichst ausgewogen sind, da die Teilnehmer anschließend ihre Stärken und Schwächen aus diesen gesammelten Begriffen auswählen sollen. Als Orientierungshilfe für den Trainer kann die Liste der Grundarbeitsfähigkeiten dienen (siehe am Schluss des Kapitels), die größ-

tenteils in Anlehnung an MELBA (Bundesministerium für Arbeit und Sozialordnung 1998) formuliert wurden.
Die gesammelten Grundarbeitsfähigkeiten werden geordnet und zusammengehörende Begriffe am Boden zu Rubriken zusammengelegt, Oberbegriffe werden jedoch nicht gesucht. Dabei kommt es nicht auf eine genaue thematische Abgrenzung der Begriffe gegeneinander an, sondern nur auf eine größere Übersichtlichkeit. Aus Zeitgründen können die Grundarbeitsfähigkeiten auch am Flipchart gesammelt werden. Dann notiert sich jeder Teilnehmer seine Stärken und Schwächen selbst auf Karten.

Hinweis für den Trainer!

- Der Trainer sollte darauf achten, dass die Sammlung der Grundarbeitsfähigkeiten nicht zu umfangreich bzw. anspruchsvoll wird, damit insbesondere depressivere Teilnehmer nicht den Eindruck bekommen, auf all diesen Gebieten müsste man sehr gut sein bzw. das müsste man alles können. Um diesem Eindruck vorzubeugen, sollte der Trainer darauf hinweisen, dass man für einen normalen Arbeitsplatz nicht alle diese Fähigkeiten braucht und jeder irgendwo Schwierigkeiten hat. Außerdem sollte darauf geachtet werden, dass die Erarbeitung der Grundarbeitsfähigkeiten und die Auswahl der Stärken und Schwächen (vgl. nächster Schritt) möglichst in derselben Sitzung stattfinden, damit die Teilnehmer nicht so lange über der umfangreichen Liste von allgemeinen Arbeitsgrundfertigkeiten grübeln, sondern sich auf ihre Stärken und Schwächen konzentrieren können.

Aktuelle Stärken und Schwächen: Selbst- und Fremdeinschätzung

?LEITFRAGE

Anhand der Leitfrage »Was können Sie *zurzeit* eher gut, wo haben Sie *zurzeit* eher Schwierigkeiten?« sucht sich jeder Teilnehmer zwei Stärken und zwei Schwächen aus den Grundarbeitsfähigkeiten aus, indem er sich die entsprechenden Karten nimmt und vor sich hinlegt (fehlende Karten werden vom Trainer ergänzt). Die Leitfrage ist wichtig, um deutlich zu machen, dass es um aktuelle Fähigkeiten geht und nicht um Persönlichkeitseigenschaften oder Wesenszüge. Diese Herangehensweise gesteht den Teilnehmern zu, dass ihre Leistungsfähigkeit früher anders war und sich auch wieder verändern wird. Die Teilnehmer sollten daher solche Schwächen auswählen, die sie für beeinflussbar und veränderbar halten.
Der Trainer sollte darauf achten, dass die Teilnehmer je zwei Stär-

ken und Schwächen auswählen, nicht mehr und nicht weniger. Teilweise müssen die Teilnehmer darin unterstützt werden, sich auf ihre wesentlichen beiden Stärken und Schwächen zu beschränken. Zur besseren Übersichtlichkeit sollten die Teilnehmer auf den Karten mit ihren Stärken ein Plus und auf den Karten mit ihren Schwächen ein Minus notieren. Wenn alle Teilnehmer je zwei Karten für ihre Stärken und Schwächen offen vor sich liegen haben, kann diese Selbsteinschätzung nochmals für jeden Teilnehmer in der Gruppe kurz zusammengefasst werden. Bei dieser Gelegenheit können sich die Teilnehmer auch wechselseitig Feedback geben und es kann besprochen werden, ob es schwierig war, eigene Stärken und Schwächen herauszufinden.

Als Hausaufgabe erhalten die Teilnehmerinnen und Teilnehmer je zwei unbeschriebene Karten (verschiedenfarbig und/oder mit Plus und Minus gekennzeichnet) für Stärken und Schwächen mit der Aufgabe, jemanden, der sie im Arbeitsumfeld gut einschätzen kann, zu fragen, was sie seiner Meinung nach zurzeit eher gut können und was sie zurzeit eher verbessern sollten. Die Teilnehmer können beispielsweise ihren Anleiter am Arbeitsplatz fragen, aber auch frühere Arbeitskollegen oder Vorgesetzte. Es sollte den Teilnehmern überlassen bleiben, wen sie für die Rückmeldung befragen wollen. Letztlich sollten zwei Stärken und zwei Schwächen notiert werden. Die Rückmeldung sollte auf die Karten geschrieben und in die nächste Sitzung mitgebracht werden. Wichtig ist es, die Teilnehmer daran zu erinnern, sich die Rückmeldung auch erläutern zu lassen. Die Vorgehensweise sollte kurz in der Gruppe überlegt werden (Wen frage ich? Hat er/sie die Zeit und die Kompetenz, mir eine Rückmeldung zu geben?). Als Erklärung für die Hausaufgabe sollte erläutert werden, dass das Einholen von Rückmeldung ein wichtiger Bestandteil bei der Veränderung eigener Fähigkeiten ist. Um etwas über sich selbst zu lernen und eigene Fähigkeiten zu verändern, sollte man sich Rückmeldung von anderen holen.

Hinweise für den Trainer!

- Der Trainer sollte berücksichtigen, dass das Einholen kritischer Rückmeldung eine Kränkung für die Teilnehmer sein kann. Deshalb sollte erläutert werden, warum dies dennoch wichtig ist. Beispielsweise kann der Trainer darauf verweisen, dass er auch selbst kritische Rückmeldung von den Teilnehmern am Schluss der ZERA-Gruppe einfordern wird, um sich zu verbessern. Erfahrungsgemäß kommen alle Teilnehmer mit der Rückmeldung von Schwächen gut zurecht, da ihnen diese ohnehin bekannt sind. Die explizite Rückmeldung von Stärken freut die Teilnehmer dagegen sehr.

- Mitarbeiter von Einrichtungen und aus Maßnahmen, die mit der Bitte nach Rückmeldung konfrontiert werden, sollten von den ZERA-Trainern nach Möglichkeit vorher darüber informiert werden, welchen Hintergrund diese Übung hat.

Zur Nachbearbeitung der Hausaufgabe legt jeder Teilnehmer die Rückmeldungen neben seine eigenen Einschätzungen und kommentiert beide kurz in der Großgruppe. Bei deutlich abweichenden Einschätzungen aus der Rückmeldung kann auch die Diskrepanz zwischen Selbst- und Fremdeinschätzung thematisiert werden. Es geht nicht darum, die »richtigere« von zwei Einschätzungen herauszufinden, sondern unterschiedliche Blickwinkel für einen konstruktiven Lernprozess zu nutzen. Häufig gelingt es zudem, zwischen Stärken und Schwächen Zusammenhänge herzustellen und zu erkennen, beispielsweise kann ein geringes Arbeitstempo mit großer Sorgfalt einhergehen. Darüber hinaus sollte kurz besprochen werden, wie die Teilnehmer die Situation erlebt haben, jemanden um Rückmeldung zu bitten. Ob Schwierigkeiten auftraten, ob sie die Informationen interessant fanden und ob sie sich vorstellen können, dies künftig regelmäßig zu machen. Anschließend wählt jeder Teilnehmer eine seiner Karten aus, an der er in nächster Zeit arbeiten möchte (dies ist Grundlage für das Problemlösetraining in Teil B). Der Teilnehmer entscheidet ausschließlich selbst, an welchem Thema er arbeiten möchte und wo er sich eine Veränderung auch zutraut. In der Regel sollte an den Schwächen gearbeitet werden, in seltenen Fällen kann es aber auch sein, dass Teilnehmer ihre Stärken weiter ausbauen möchten. Die Teilnehmer können dabei sowohl auf ihre Selbsteinschätzung, als auch auf die Rückmeldung aus der Fremdeinschätzung zurückgreifen. Die Karten werden abschließend im Ordner der Teilnehmer unter Kapitel 4 abgeheftet, die Stärken und Schwächen im 3-Kreise-Modell notiert.

Hinweis für den Trainer!

- Das Abheften der Karten im Ordner sollte nicht vergessen werden, da in der abschließenden Auswertung in Unterprogramm 7 alle Karten aus den Unterprogrammen 4, 5 und 6 Verwendung finden werden. Um das Abheften zu erleichtern, sollte der Trainer in jeder Sitzung einen Locher bereithalten.

B: Ansatzpunkte und Strategien für Veränderungen erarbeiten – Problemlösetraining

Allgemeine Vorgehensweise

Das Problemlösetraining orientiert sich an der von D'ZURILLA & GOLDFRIED (1971) vorgeschlagenen Vorgehensweise. Das zugrunde liegende Schema (Arbeitsblatt 9) umfasst fünf Schritte und ist in seiner Grundausrichtung lösungsorientiert.

ARBEITSBLATT 9

Arbeitsblatt 9 – 4. Unterprogramm
Vom Problem zur Lösung

1. Problembeschreibung

....

....

....

2. Zieldefinition: Was möchte ich konkret erreichen?

....

....

....

3. Sammlung von Lösungsideen:

- ☐
- ☐
- ☐
- ☐
- ☐
- ☐
- ☐
- ☐
- ☐

4. Mit welchem konkreten Schritt möchte ich beginnen (in den nächsten 4–6 Wochen)?

....

....

....

5. Welche Schwierigkeiten können auftreten? Wer kann mich unterstützen? Wie?

....

....

....

6. Wann möchte ich überprüfen, ob ich mein Ziel erreicht habe?

....

....

Es ist wichtig, bei der Analyse des Problems zwar eine treffende und möglichst genaue Problembeschreibung zu erreichen, zugleich aber nicht zu lange bei der Darstellung des Problems und somit der Defizite zu verweilen, sondern möglichst bald den Blick auf Lösungsmöglichkeiten und Veränderungsziele zu richten. Dabei sollte die Gruppe als Ideenlieferant so oft wie möglich mit einbezogen werden. Durch die Problembearbeitung in der Gruppe wird sogenanntes Sharing möglich, d.h., andere Teilnehmer berichten über ähnliche Erfahrungen und bieten so emotionale Entlastung, die Teilnehmer beraten und unterstützen sich gegenseitig und lernen auch von den Problemlösestrategien der anderen Teilnehmenden. Bei der Auswahl der zu bearbeitenden Problembereiche sollte darauf geachtet werden, dass diese nicht zu umfassend und komplex sind, sondern möglichst konkret und anschaulich sowie möglichst auf den Bereich der Arbeit bezogen. Bei der Bearbeitung sollte generell auf einen lösungsorientierten Zugang zum Problem und die Aktivierung von Ressourcen und Selbsthilfekompetenzen bei den Teilnehmern geachtet werden.

Problemlösetraining

Das Problemlöseschema aus Arbeitsblatt 9 wird zunächst allgemein am Flipchart erläutert. Um die Verwendung des Problemlöseschemas bei einem konkreten arbeitsbezogenen Problem für alle Teilnehmenden zu verdeutlichen, sollte sich ein Teilnehmer bereit erklären, sein Veränderungsbeispiel exemplarisch in der Großgruppe am Flipchart zu erarbeiten. Alle anderen Teilnehmer sollten mit einbezogen und zu Anregungen und Vorschlägen bei der Sammlung von Lösungsideen aufgefordert werden. Dabei wird zunächst das Problem so genau und quantifizierbar wie möglich beschrieben. Besonders gut für die Bearbeitung geeignet sind konkrete, arbeitsbezogene Schwierigkeiten (z.B. Pünktlichkeit), weniger gut geeignet sind globale Persönlichkeitseigenschaften (z.B. Selbstunsicherheit). Wenn die Teilnehmer eher globale, wenig klar umrissene Probleme benennen, sollte der Trainer sie dabei unterstützen, einen klar beschreibbaren und überschaubaren Bereich herauszugreifen (z.B. im Gruppengespräch vor den Kollegen aus der Arbeitsgruppe Kritik äußern). Auch hier ist es wichtig, die Teilnehmer bei der Formulierung ihrer persönlichen Zielsetzung zu unterstützen, denn das angestrebte Ziel kann beispielsweise bei der Verbesserung der Pünktlichkeit individuell sehr unterschiedlich sein.

Wenn Problemdarstellung und Zielformulierung abgeschlossen sind, folgt die Sammlung der Lösungsideen. An dieser Stelle sollte die Gruppe gezielt einbezogen werden. Viele Rehabilitanden kennen ähnliche Probleme und können bei der Sammlung von Veränderungsstrategien hilfreiche Vorschläge beisteuern. Der Fokus sollte dabei stets auf die Lösungsorientierung und die Aktivierung von Ressourcen und Selbsthilfekompetenzen bei den Teilnehmern

gelegt werden. Konkret werden zunächst die vorgeschlagenen Lösungen ähnlich wie in einem Brainstorming gesammelt und vom Trainer am Flipchart notiert, ohne einer Bewertung unterzogen zu werden. Erst im nächsten Schritt wählt dann der Teilnehmer, dessen Problem bearbeitet wird, aus, mit welchem konkreten Schritt er beginnen möchte. Bei Bedarf werden mögliche Schwierigkeiten notiert und der notwendige Unterstützungsbedarf wird formuliert. Dabei kann bei der Formulierung von befürchteten Schwierigkeiten mitunter deutlich werden, aus welchem Grund bzw. aufgrund welcher Befürchtungen der Betreffende bislang noch keinen Veränderungsversuch unternommen hat oder durch welche Aspekte das problematische Verhalten aufrechterhalten wird.
Nach der exemplarischen Bearbeitung eines Problemlöseschemas wird für jeden Teilnehmenden Arbeitsblatt 9 ausgefüllt. Dies kann entweder nacheinander für alle Teilnehmer in der Großgruppe erfolgen, oder in Kleingruppen bzw. als Hausaufgabe. In den letzten beiden Fällen sollten dann die Teilnehmer abschließend in der Großgruppe vorstellen, was sie für sich erarbeitet haben, beispielsweise, was sie sich vorgenommen haben und welche Lösungsstrategien ihnen eingefallen sind. Unabhängig von der Form der Bearbeitung sollte der Trainer den Teilnehmenden Unterstützung anbieten, da es den meisten schwerfällt, konkrete, positiv formulierte und erreichbare Schritte zu benennen. Es muss beachtet werden, dass die Formulierung konkreter, erreichbarer Ziele von manchen Rehabilitanden auch deshalb vermieden wird, weil man beim Versuch, diese Ziele zu erreichen, eindeutig scheitern kann. Sehr fern liegende, unscharf formulierte Ziele dagegen können nicht eindeutig erreicht werden, daher kann man an ihnen auch sehr lange festhalten, ohne sich ein Scheitern eingestehen zu müssen. Es ist daher wichtig, die Teilnehmer darin zu unterstützen, sich nur wirklich erreichbare und bewältigbare Veränderungsziele vorzunehmen, um ihnen in jedem Fall ein Erfolgserlebnis zu ermöglichen. Der Trainer muss darauf achten, dass die Teilnehmer sich nicht überfordern und sich weder zu schwierige oder zu viele Veränderungsschritte vornehmen noch zu hohe Ziele stecken. Wichtig ist vielmehr, dass die Teilnehmer die Erfahrung machen, etwas verändern und Einfluss auf die eigenen Schwierigkeiten nehmen zu können. Dies erhöht ihre Selbstwirksamkeit und die erlebte Kontrolle in neuen, unübersichtlichen Situationen und kann das Gefühl von Hilflosigkeit reduzieren.
Abschließend wird ein gemeinsamer erster Kontrolltermin festgelegt, welcher am Ende des Gruppenprogramms liegen sollte. Da-

durch ist gewährleistet, dass es eine erste Kontrolle geben wird und dass sich die Teilnehmer kleine Veränderungsschritte vornehmen, die innerhalb dieses Zeitraumes bewältigbar sind.
Abschließend verweist der Trainer wieder auf die übergeordnete Struktur des 3-Kreise-Modells. Der Hinweis auf den Kreis »Welche Unterstützungsmöglichkeiten kann ich nutzen?« leitet zum nächsten Unterprogramm über. Als Hausaufgabe werden die Teilnehmer aufgefordert, sich bis zur nächsten Sitzung ihre Fragen zum Thema Arbeits- und Unterstützungsmöglichkeiten zu überlegen. Zur Anregung kann auch bereits mit einer Sammlung erster Fragen begonnen werden, die dann in der nächsten Sitzung vervollständigt wird.

Hinweise für den Trainer!

- Insbesondere das Problemlösetraining in Teil B dieses Unterprogramms stellt hohe Anforderungen an die Kompetenz des Trainers. Er sollte die Teilnehmer einerseits anregen, sich konkret erreichbare und genau formulierte Veränderungsschritte zu überlegen, andererseits darf jedoch kein unnötiger Druck auf die Teilnehmer ausgeübt werden. Darüber hinaus sollte der Trainer immer wieder diejenigen Teilnehmer, die gerade nicht direkt beteiligt sind, durch entsprechende Nachfragen ermuntern sich mit Ratschlägen und eigenen Überlegungen zu beteiligen. Es hängt stark von der Zusammensetzung der Gruppe und den Problemlösestrategien der einzelnen Teilnehmer ab, wie lange dieser Schulungsteil dauert. Das Problemlösen sollte so lange fortgesetzt werden, bis jeder Teilnehmer dran war, der sein Thema bearbeiten möchte. Gegebenenfalls kann auch noch zu Beginn des nächsten Unterprogramms zum Einstieg in die Sitzung je ein Problemlösetraining durchgeführt werden. Durch das gemeinsame Problemlösen kann eine hohe Beteiligung geschaffen werden. Es regt die Selbsthilfekompetenzen der Teilnehmer an.
- Im Idealfall können die Teilnehmer voneinander lernen, wenn jeder Einzelne seine Ziele und die Sammlung möglicher Veränderungsstrategien in der Großgruppe erarbeitet. Es kann auch vorkommen, dass in dieser Phase eher weniger Gruppendynamik zu beobachten ist. Der Trainer sollte jedoch nicht vergessen, dass in Anlehnung an P. Fiedler (1996) Gruppen-Verhaltenstherapie Einzeltherapie in der Gruppe ist!
- Bei der Auswahl des ersten Veränderungsschrittes sollte der Trainer darauf achten, dass dieser auch tatsächlich für den jeweiligen Teilnehmer erreichbar ist (Erfolgstherapie). Manche Teilnehmer haben Schwierigkeiten damit, sich etwas Konkretes vorzunehmen oder sich gar einen Kontrolltermin zu setzen, da sie befürchten, sich damit zu sehr unter Druck zu setzen, und möchten lieber alles

auf sich zukommen lassen. In diesen Fällen sollte der Trainer durchaus deutlich machen, dass es sinnvoll ist, sich etwas vorzunehmen, wenn man eine Veränderung erreichen möchte, insgesamt sollte jedoch kein Druck auf die Teilnehmer ausgeübt werden.

MATERIALIEN

- Kognitive Differenzierung mit Karten, Selbst-/Fremdeinschätzung, Gruppendiskussion, Verhaltenstraining, Problemlösungstraining.
- Karten, Stifte, Liste der Arbeitsgrundfähigkeiten
- Arbeitsblatt 9: Vom Problem zur Lösung

Beispiele Grundarbeitsfähigkeiten:

- Antrieb: genügend Energie haben
- Arbeitsplanung: sich eine Arbeit selbstständig einteilen können
- Auffassung: Tätigkeit verstehen können
- Aufmerksamkeit: wahrnehmen, was in der Umgebung abläuft und darauf reagieren
- Ausdauer: auch langweilige Arbeit machen können
- Durchsetzungsvermögen: auf ein Ziel hinarbeiten können
- Feinmotorik
- Kontaktfähigkeit, soziale Kompetenz: arbeitsrelevante Kontakte haben können
- Konzentrationsvermögen
- Kritische Kontrolle: eigene Arbeit überprüfen und korrigieren können
- Kritisierbarkeit: Kritik annehmen und verarbeiten können
- Misserfolgstoleranz: Rückschläge wegstecken, eine Aufgabe auch dann ausführen können, wenn der Erfolg nicht sicher ist
- Ordnungsbereitschaft: bezogen auf Arbeitsplatz
- Problemlösen: bei Schwierigkeiten nicht gleich verzweifeln
- Pünktlichkeit: zeitliche Übereinkünfte einhalten
- Schnelligkeit, Arbeitstempo
- Selbstständigkeit
- Sorgfalt
- Teamarbeitsfähigkeit
- Umstellungsfähigkeit/Flexibilität: wechselnde Arbeitsaufgaben
- Anpassungsfähigkeit
- Belastbarkeit
- Durchhaltevermögen
- Zuverlässigkeit
- Motivation
- Ordentliches/angemessenes Erscheinungsbild

5. Unterprogramm: Spektrum der Arbeits- und Unterstützungsmöglichkeiten

Zielsetzung:

- → Vermittlung von allgemeinen Informationen als Grundlage für die spätere Entwicklung individueller Zukunftsperspektiven
- → Reduktion von erlebter Hilflosigkeit
- → Vermittlung von Informationen über weiterführende Arbeits- und Unterstützungsmöglichkeiten
- → Aufbau von Handlungskompetenz durch selbstständiges Erarbeiten von Themengebieten

Dauer:

3–4 Sitzungen

Inhalte:

1. Sammlung und Einordnung von Fragen
2. Verteilung von Projekten
3. Konkrete Informationsvermittlung
4. Persönliche Auswertung

In diesem Kapitel erhalten die Teilnehmerinnen und Teilnehmer wichtige und für ihren Alltag häufig unmittelbar relevante Informationen über Arbeits- und Unterstützungsmöglichkeiten. Ziel ist jedoch nicht, diese Informationen in einem unterrichtsähnlichen Stil zu vermitteln, um sie hinterher bei jedem Teilnehmer als bekannt voraussetzen zu können. Vielmehr soll es Ziel sein, eher allgemeine Informationen und Hinweise darüber zu vermitteln, an wen man sich im Bedarfsfall wenden muss, wo man Informationen nachlesen kann (Arbeitsblätter) und wie und zu welchem Zeitpunkt erste Schritte eingeleitet werden können. Übergeordnetes Ziel ist die Vermittlung von Strategien zur Bewältigung von Situationen, in denen Unsicherheiten und Fragen bezüglich Arbeits- und Unterstützungsmöglichkeiten bestehen. Die Teilnehmer sollen erlernen, sich in solchen Situationen über ihre konkreten Fragen klar zu werden und sich selbstständig Informationen zur Beantwortung dieser Fragen einzuholen.

Hinweis für den Trainer!

- Der Trainer sollte nicht nur in diesem Unterprogramm, sondern generell immer wieder mit den Teilnehmern gemeinsam ihre Ordner durchgehen und überprüfen, ob sie alle Arbeitsblätter erhalten und im richtigen Unterprogramm abgeheftet haben.

Sammlung und Einordnung von Fragen

Zunächst ordnet der Trainer das Kapitel im 3-Kreise-Modell (Arbeitsblatt 2) ein.

LEITFRAGE ?

In der Großgruppe werden Fragen zum Thema Arbeits- und Unterstützungsmöglichkeiten gesammelt. In der Gruppe sollte gemeinsam überlegt werden, wie eine Frage möglichst prägnant und aussagekräftig formuliert werden kann bzw. wie man eine Frage zu einem bestimmten Bereich überhaupt formulieren muss. Dabei sollte der Trainer darauf achten, den Teilnehmern die Fragen nicht unnötig vorzuformulieren. Die unterschiedlichen Fragen werden kurz und gut lesbar auf DIN A-5-Karten notiert und auf dem Boden oder Tisch zwischen den Teilnehmern ausgelegt. Je nach Leistungsfähigkeit der Teilnehmenden und in Abhängigkeit vom Zeitdruck kann der Trainer selbst die Fragen aufschreiben oder diese Aufgabe im Wechsel den Teilnehmern überlassen. In letzterem Fall sollte ein Stapel Karten und ein geeigneter Stift zwischen den Teilnehmern selbstständig hin- und hergereicht werden, sodass diese eigeninitiativ untereinander Kontakt aufnehmen.

Die Karten mit den Fragen werden nach Themengebieten geordnet und unter Oberbegriffen zusammengefasst. Auch hier hängt es vom Leistungsstand der Teilnehmer und dem Zeitbudget ab, ob die Oberbegriffe vorgegeben und die Fragen darunter eingeordnet werden oder ob die Teilnehmer diese Zuordnung und Benennung selbst vornehmen. In jedem Fall sollten die unten genannten Oberbegriffe vorkommen (siehe am Ende des Kapitels). Wenn zu einem Themengebiet keine oder nur sehr wenige Fragen formuliert wurden, so sollte der Trainer die Teilnehmer dazu anregen, weitere Fragen zu erarbeiten (»Was könnte zu diesem Gebiet von Interesse sein?«). Sollten mehrere Fragen zu einem anderen als den unten genannten Themengebieten genannt werden (so interessieren sich die Teilnehmer häufig für Wohnformen und Unterstützungsmöglichkeiten bei der Lebensführung), so können diese zusätzlich aufgenommen werden, sofern sie für einen Großteil der Teilnehmer von

Interesse sind. Allgemein sollte der Trainer jedoch darauf achten, dass die Themen nicht zu breit und verwirrend werden und ggf. auf Informationen im Einzelgespräch hinweisen.

Verteilung von Projekten

Im nächsten Schritt werden an die Teilnehmenden kleinere Projekte verteilt: Je nach Interesse und persönlicher Betroffenheit wählen die Teilnehmer Themenbereiche aus, für die sie sich interessieren und zu denen sie einige Fragen beantworten möchten. Dabei können sich auch mehrere Teilnehmer zu demselben Themengebiet zusammenschließen und dann entweder unterschiedliche Bereiche desselben Gebietes bearbeiten oder gemeinsam als Kleingruppe die Fragen beantworten. Die Teilnehmer erhalten dann die Karten mit den Fragen, mit denen sie sich befassen.
Anschließend berät der Trainer jeden einzelnen Teilnehmer bzw. jede Kleingruppe genau, wie bei der Beantwortung der Fragen vorzugehen ist. Die Teilnehmer erhalten vorbereitete Informationsmaterialien, aus denen sie Fakten entnehmen können, sie erhalten Telefonnummern und Adressen von Ansprechpartnern, Beratungsstellen etc. und in jedem Fall auch Namen und Telefonnummern von Mitarbeitern innerhalb der Einrichtung, an die sie sich zur Beantwortung der Fragen wenden können. An diesem Punkt ist ein sehr behutsames und auf die individuellen Möglichkeiten des einzelnen Teilnehmers abgestimmtes Vorgehen des Trainers unabdingbar. Es ist auch möglich, einem Teilnehmer das Arbeitsblatt, das zu dem von ihm ausgewählten Thema passt, vorher zu geben.

Hinweis für den Trainer!

- Manche Teilnehmer reagieren unter Umständen enttäuscht, wenn sie die Antworten auf ihre Fragen nicht sofort vom Trainer quasi geliefert bekommen, sondern sich diese selbst beschaffen müssen. Der Trainer sollte daher durchaus erläutern, dass dies als praktische Übung dient, sich selbstständig Informationen einzuholen und sich um die Beantwortung relevanter Fragen selbst zu kümmern. Es kann aber darauf verwiesen werden, dass offen gebliebene Fragen selbstverständlich vom Trainer beantwortet werden.

Die Vorgehensweise beim Einholen der Informationen sollte genau besprochen werden, da einige Teilnehmer sonst mit einer eher hilflosen Art scheitern könnten bzw. sich mit ungenügenden und nicht

wirklich verstandenen Antworten zufriedengeben. Inhalt der Besprechung sollte zumindest sein: sich einen Termin geben lassen, die Frage genau formulieren, die Antwort aufschreiben und überlegen, ob man sie wirklich verstanden hat, ggf. nachfragen. Die Teilnehmer sollten unbedingt darauf hingewiesen werden, sich die Antworten aufzuschreiben.
Bei der Anzahl der zu beantwortenden Fragen muss die Kompetenz der Teilnehmer im Bereich der sozialen Interaktion sowie im Umgang mit komplexeren Sachverhalten beachtet werden. Keinesfalls sollten Teilnehmer mit dieser Aufgabe überfordert werden. Es kann durchaus ausreichen, wenn nur eine einzige Frage richtig und informativ beantwortet werden kann und somit ein Erfolgserlebnis vorhanden war. Leistungsstärkere Teilnehmer können hier aber durchaus versuchen einen komplexeren Sachverhalt mit mehreren Fragen und eventuell verschiedenen Ansprechpartnern oder Informationsmedien zu bearbeiten. Oberstes Ziel muss jedoch sein, Frustration und Überforderung zu vermeiden.
Bei der Wahl der Informationsmedien und Ansprechpartner ist ebenfalls auf die Kompetenzen der Teilnehmer zu achten. Die Befragung von Mitarbeitern der Einrichtung ist in der Regel die einfachste Möglichkeit. Die Nutzung von schriftlichen Unterlagen oder dem Internet setzt die Fähigkeit voraus, relevante Informationen erkennen und zusammenfassen zu können, stellt dafür aber keine Anforderungen im Bereich der sozialen Kompetenz. Der Besuch von Beratungsstellen oder die telefonische Kontaktaufnahme mit Ansprechpartnern außerhalb der Einrichtung stellt in der Regel die schwierigste Vorgehensweise dar, hat allerdings auch einen sehr hohen Bezug zum praktischen Alltag.
Jeder Teilnehmer sollte gefragt werden, ob er sich die von ihm gewählte Vorgehensweise zutraut oder ob er Schwierigkeiten auf sich zukommen sieht. Diese sollten dann konkret besprochen, Lösungsmöglichkeiten und Alternativen können gemeinsam in der Gruppe gesucht werden. Abschließend sollte vereinbart werden, welche Themengebiete von den Teilnehmern bis zu welchem Gruppentermin vorbereitet werden können. Themengebiete, für die sich kein Teilnehmer interessiert hat, und offen gebliebene Fragen werden vom Trainer übernommen.

Konkrete Informationsvermittlung

In den nächsten Sitzungen werden jeweils die Fragen zu einem oder mehreren Themengebieten beantwortet. Dabei beginnen grundsätzlich immer die Teilnehmer und nicht der Trainer mit der Beantwortung der Fragen. Die konkrete Frage sollte nochmals vorgelesen werden, anschließend gibt der betreffende Teilnehmer die Antwort und erläutert den Sachverhalt. Bei Bedarf fragen andere Teilnehmer oder der Trainer genauer nach. Abschließend sollte ein anderer Teilnehmer die Informationen nochmals kurz zusammenfassen, gegebenenfalls helfen ihm die anderen Teilnehmer oder ergänzen seine Zusammenfassung. Dies ist wichtig, damit auch solche Rehabilitanden, die nicht unmittelbar beteiligt oder interessiert sind, einbezogen werden. Zum Abschluss seines Berichtes sollte der vortragende Rehabilitand befragt werden, wie er vorgegangen ist, welche Erfahrungen er gemacht hat, ob es Schwierigkeiten gab und ob er beim nächsten Mal etwas anders machen würde.
Als auflockerndes und für die Teilnehmer sehr interessantes Element können fachlich kompetente Referenten zu einem bestimmten Themengebiet eingeladen werden, beispielsweise Mitarbeiter ambulanter Dienste oder Berater der Arbeitsagentur. Die Referenten werden dann von den Teilnehmern in der Großgruppe befragt. Es sollte vorab besprochen werden, zu welchen Themen man Referenten einlädt und wer die Einladung übernimmt (etwa der Teilnehmer, der sich für diesen Themenkomplex entschieden hat).
Wenn alle offenen Fragen zu einem Themengebiet beantwortet und besprochen wurden (ggf. auch vom Trainer), wird als Abschluss jeweils ein vorbereitetes Arbeitsblatt verteilt (Arbeitsblätter 10 bis 17). In der Großgruppe wird gemeinsam in die Arbeitsblätter eingetragen, wer ein möglicher Ansprechpartner ist, welche Funktion er hat bzw. in welcher Institution er tätig ist und unter welcher Telefonnummer er zu erreichen ist. Dabei muss beachtet werden, dass die Teilnehmer teilweise unterschiedliche Ansprechpartner notieren müssen, beispielsweise unterschiedliche Berater bei der Arbeitsagentur oder unterschiedliche ambulante Dienste in den Regionen.

ARBEITSBLATT 10 + 17

Arbeitsblatt 10 – 5. Unterprogramm

Informationen zum Thema »Finanzielle Unterstützungsmöglichkeiten«

An wen kann ich mich wenden, wenn ich Fragen zum Thema »Finanzielle Unterstützungsmöglichkeiten« habe?

Name	Funktion/Einrichtung	Telefon

Informationen zum Thema »Finanzielle Unterstützungsmöglichkeiten«

Was sind die wichtigsten Informationen über die Grundsicherung?	Die genaue Bezeichnung dieser Sozialleistung ist: **→ Grundsicherung im Alter und bei Erwerbsminderung** Die gesetzlichen Regelungen findet man im Sozialgesetzbuch XII. Dort sind alle Sozialhilfeleistungen geregelt. Die Voraussetzung, Grundsicherung zu erhalten, ist, dass eine dauerhafte volle Erwerbsminderung festgestellt ist. **Als Beschäftigter im Arbeitsbereich einer WfbM gehört man in der Regel zum Personenkreis der Antragsberechtigten.** Grund → durch die Aufnahme in den Arbeitsbereich hat man den Status, dem Arbeitsmarkt voraussichtlich auch längerfristig nicht zur Verfügung zu stehen, man gilt somit als **dauerhaft erwerbsgemindert.** Die **Antragstellung** erfolgt bei den Sozialämtern, in der Regel im Rathaus oder im Bezirksamt. Der **Anspruch auf Grundsicherungsleistungen** ist **einkommens- und vermögensabhängig.** Dies bedeutet, das vorhandene Einkommen (z. B. Rente, WfbM-Lohn) muss in jedem Fall voll eingesetzt werden. Auf den WfbM-Lohn gibt es allerdings einen Freibetrag. Dieser Freibetrag hängt ab von der Höhe des WfbM-Lohns und ist deshalb individuell verschieden. In der Regel liegt der Freibetrag bei ca. 60 bis 80 Euro. Als Einkommen werden auch die Einkünfte und das Vermögen eines Ehegatten oder des Partners in einer eheähnlichen Gemeinschaft berücksichtigt. Unberücksichtigt bleiben dagegen Unterhaltsansprüche gegenüber Eltern/Kindern, sofern deren jährliches Gesamteinkommen unter 100 000 Euro liegt. Das Vermögen der Angehörigen spielt jedoch grundsätzlich keine Rolle. Das eigene Vermögen hingegen muss eingesetzt werden, wenn es höher ist als 2600 Euro. **Der Leistungsumfang der Grundsicherung ist abhängig von der individuell zutreffenden, aktuellen Regelbedarfsstufe (Stufe 1, 2016: 404 Euro), hinzu kommen noch die Aufwendungen für Miete und Heizung, also die Warmmiete.** Der Gesetzgeber geht davon aus, dass von den 404 Euro neben dem laufenden Lebensunterhalt auch Rücklagen für Bekleidung und Hausrat geschaffen werden und darüber hinaus damit auch die laufenden Stromkosten bezahlt werden, denn diese sind in der Regel nicht Bestandteil der Warmmiete. Ferner sieht der Gesetzgeber vor, dass die Aufwendungen für Miete und Heizung angemessen sein müssen. Dies bedeutet:

Arbeitsblatt 17 – 5. Unterprogramm

Informationen zum Thema »Sozialpsychiatrischer Dienst (SPDi)«

An wen kann ich mich wenden, wenn ich Fragen zum Thema »Sozialpsychiatrischer Dienst« habe?

Name	Funktion/Einrichtung	Telefon

Informationen zum Thema »Sozialpsychiatrischer Dienst (SPDi)«

Wen unterstützt der SPDi?	(Chronisch) psychisch kranke Menschen und ihre Angehörigen.
Welcher SPDi ist für mich zuständig?	Die SPDis haben regionale Zuständigkeiten. Wenn man wissen möchten, welcher SPDi zuständig ist, kann man dies beim Gesundheitsamt erfragen oder sich an irgendeinen Sozialpsychiatrischen Dienst wenden, sie geben Auskunft.
Welche Unterstützung bietet der SPDi an?	○ Beratung und Betreuung von Menschen mit seelischen und sozialen Problemen ○ Freizeitgruppen, z. B. Ausflüge, Teestube, Kinobesuche ○ Unterstützung bei Ämtergängen ○ Vermittlung von materiellen und weiterführenden Hilfen ○ Kooperation und Koordination der psychosozialen Hilfen im Stadtteil bzw. der Region ○ Unterstützung bei der Wohnungssuche ○ Teilweise Arbeits- und Beschäftigungsangebote
Wann sollte man sich an einen SPDi wenden?	Wenn man zu nachfolgenden Lebensbereichen Unterstützung sucht: ○ Alltagsbewältigung ○ Freizeitgestaltung ○ Soziale Kontakte ○ Wohnungsmöglichkeiten für psychisch kranke Menschen ○ Schwierige Ämtergänge ○ Krisensituationen
Was ist der Unterschied zwischen GPZ (Gemeindepsychiatrisches Zentrum) und SPDi?	Der Sozialpsychiatrische Dienst ist ein Teil des Gemeindepsychiatrischen Zentrums (GPZ). Zum GPZ gehören neben dem SPDi auch unter anderem Wohnangebote, Pflegedienste für ältere psychisch kranke Menschen und tagesstrukturierende Angebote.

Persönliche Auswertung

Wenn alle Themengebiete auf diese Weise bearbeitet und alle Informationsblätter ausgeteilt wurden, sollen die Teilnehmer abschließend für sich entscheiden, welche Arbeits- und Unterstützungsmöglichkeiten für sie in absehbarer Zeit interessant sein könnten oder welche sie nutzen möchten bzw. bereits nutzen. Zur Erinnerung und Anregung können nochmals Karten mit den Oberbegriffen aufgelegt oder es können die wichtigsten Arbeits- und Unterstützungsmöglichkeiten auf einem Flipchart zusammengefasst werden. Wenn die Teilnehmerinnen und Teilnehmer sich entschieden haben, notieren sie die ausgewählten Arbeits- und Unterstützungsmöglichkeiten in ihrem 3-Kreise-Modell und auf Karten und heften diese in ihrem Ordner unter Kapitel 5 ab. Mit der Betrachtung des 3-Kreise Modells kann dann zum nächsten Unterprogramm übergeleitet werden, welches sich mit dem dritten Kreis befasst (»Welche Wünsche und Ziele habe ich für meine berufliche Zukunft?«).

MATERIALIEN

- Karten, schriftliche Informationsmaterialien, Sammlung von Informationsmaterial (Broschüren, Telefonnummern etc.). Ansprechpartner innerhalb der Einrichtung müssen ggf. vorab informiert werden.
- Arbeitsblätter 10 bis 17:
  - Arbeitsblatt 10: Informationen zum Thema »Finanzielle Unterstützungsmöglichkeiten«
  - Arbeitsblatt 11: Informationen zum Thema »Arbeits- und Beschäftigungsmöglichkeiten für psychisch erkrankte Menschen«
  - Arbeitsblatt 12: Informationen zum Thema »Ausbildung/Umschulung«
  - Arbeitsblatt 13: Informationen zum Thema »Integrationsfachdienst (IFD)«
  - Arbeitsblatt 14: Informationen zum Thema »Persönliches Budget«
  - Arbeitsblatt 15: Informationen zum Thema »Werkstätten für behinderte Menschen (WfbM)«
  - Arbeitsblatt 16: Informationen zum Thema »Schwerbehindertenausweis«
  - Arbeitsblatt 17: Informationen zum Thema »Sozialpsychiatrischer Dienst (SPDi)«

Bei Bedarf müssen weitere Arbeitsblätter erstellt bzw. die vorhandenen überarbeitet werden.

6. Unterprogramm: Planung der beruflichen Rehabilitation – kurz- und mittelfristige Ziele

Zielsetzung:

- → Entwicklung realistischer Zukunftsperspektiven anhand arbeitsbezogener kurz- und mittelfristiger Ziele
- → Vermittlung eines stufenweisen Vorgehens bei der Entscheidungsfindung und Anwendung auf individuelle Planungs- und Entscheidungsprozesse
- → Motivierung der Teilnehmer und erste Planung zur sinnvollen Nutzung der beruflichen Rehabilitationsmaßnahme

Dauer:

2–3 Sitzungen

Inhalte:

1. Vision der beruflichen Zukunft, Wünsche und Fernziele
2. konkrete Zielplanung der Rehabilitationsmaßnahme

Vision der beruflichen Zukunft, Wünsche und Fernziele

Zur Vorbereitung auf diese Sitzung bearbeiten die Teilnehmer Arbeitsblatt 18 als Hausaufgabe. Es soll den Teilnehmern dazu dienen, eine Vision ihrer beruflichen Zukunft zu entwickeln, zunächst durchaus unabhängig von aktuell bestehenden konkreten Möglichkeiten. Durch die große Zahl angebotener Wahlmöglichkeiten in Bezug auf Arbeitsinhalte und Rahmenbedingungen kann einer unnötigen Fixierung der Teilnehmer auf einzelne berufliche Ziele vorgebeugt und der Blick auch für andere Arbeitsmöglichkeiten geöffnet werden. Die so gewonnenen Informationen dienen dem Einzelnen zur Überprüfung der eigenen berufliche Ziele im Hinblick auf ihre Passung zu diesen Kriterien (s. u.), bei unentschlossenen Teilnehmern können sie die Entscheidungsfindung unterstützen. Dabei soll das Arbeitsblatt 18 nur als Anregung und Grundlage dienen, die Teilnehmer sollen ermutigt werden, sich ihre erwünschte berufliche Zukunft bildlich vorzustellen und auszumalen.

ARBEITSBLATT 18

Arbeitsblatt 18 – 6. Unterprogramm
Wie würde ich gerne arbeiten?

Die folgende Tabelle soll Sie anregen, darüber nachzudenken, welche Vorlieben Sie im beruflichen Bereich haben und wie Sie gerne arbeiten würden. Überlegen Sie bitte nicht lange, sondern kreuzen Sie spontan an, ob Sie eine bestimmte Art der Tätigkeit »gern« oder »ungern« ausführen würden oder ob Ihnen dieser Aspekt »egal« ist.

Beruflich möchte ich folgende Arbeiten ausführen:	gern	egal	ungern
Möglichst einfache Arbeiten, bei denen man nicht viel überlegen muss	☐	☐	☐
Möglichst komplexe, anspruchsvolle Arbeiten	☐	☐	☐
Montagearbeiten	☐	☐	☐
Arbeiten, bei denen man feinmotorisch geschickt sein muss	☐	☐	☐
Arbeiten, bei denen man nicht mit kleinen oder empfindlichen Teilen umgehen muss	☐	☐	☐
Arbeiten, durch die man körperlich stark beansprucht wird	☐	☐	☐
Arbeiten, durch die man körperlich nur wenig beansprucht wird	☐	☐	☐
Arbeit überwiegend im Stehen	☐	☐	☐
Arbeit überwiegend im Sitzen	☐	☐	☐
Praktische Büroarbeiten; Schreiben, Sortieren, Ablage etc.	☐	☐	☐
Arbeit mit Computern, z. B. Datenerfassung, Textverarbeitung	☐	☐	☐
Arbeit im Sozialbereich (pflegerische, erzieherische o. ä. Aufgaben)	☐	☐	☐
Arbeit im Garten- und Landschaftsbau	☐	☐	☐
Arbeit im Bereich Druckvorlagenherstellung, Bild- und Textbearbeitung	☐	☐	☐
Arbeit in der Druckerei	☐	☐	☐
Arbeit im Bereich Elektromontage, Kabelkonfektion	☐	☐	☐
Arbeit im Bereich Metallbe- und -verarbeitung	☐	☐	☐
Arbeit im Bereich Hauswirtschaft	☐	☐	☐
Arbeit im Lager	☐	☐	☐
Hilfstätigkeit im Einzelhandel (Ware sortieren, auszeichnen, einräumen etc.)	☐	☐	☐
Arbeit im künstlerischen Bereich (z. B. Musik, gestaltendes Handwerk)	☐	☐	☐
Arbeit im Papierbereich (z. B. Buchbinderei)	☐	☐	☐
Beruflicher Umgang mit anderen Menschen (z. B. Verkauf, Service, Kundenkontakt)	☐	☐	☐
4 Wochen Praktikum in einem anderen Bereich der Werkstatt	☐	☐	☐
4–6 Wochen Praktikum auf dem allgemeinen Arbeitsmarkt	☐	☐	☐

Als Einstieg in die erste Sitzung berichtet jeder Teilnehmer in der Großgruppe, welches Bild von seinem Wunscharbeitsplatz er für sich entworfen hat. Dabei werden die Ergebnisse der Hausaufgabe einbezogen, indem die Teilnehmer vorlesen, welchen Punkten auf Arbeitsblatt 18 sie zugestimmt haben bzw. wie sie gerne arbeiten würden. Abschließend notiert jeder Teilnehmer seine beruflichen Wünsche und Fernziele auf Karten und heftet sie in seinem Ordner unter Kapitel 6 ab. Die Teilnehmer sollten sich dabei auf ca. fünf Karten beschränken, da noch weitere hinzukommen werden. Die Begriffe vom Arbeitsblatt auf Karten zu übertragen ist wichtig, da die Karten für die abschließende Übung mit dem 3-Kreise-Modell gebraucht werden.

Konkrete Zielplanung der beruflichen Rehabilitationsmaßnahme

Zur konkreten Zielplanung der Rehabilitationsmaßnahme wird entweder in Kleingruppen oder von jedem Teilnehmer einzeln Arbeitsblatt 19 bearbeitet. Darauf formuliert jeder Teilnehmer ein Fernziel (ggf. auch mehrere Alternativen), das er innerhalb eines Zeitraumes von ca. ein bis zwei Jahren erreichen möchte. Bei Bedarf wird Unterstützung bei der Entscheidungsfindung gegeben, zum Beispiel kann auch als Ziel formuliert werden, die Entscheidung über das Fernziel bis zu einem bestimmten Zeitpunkt zu treffen. Auch den Status quo zu erhalten (»gesund und stabil bleiben«) kann als Fernziel formuliert werden. Darauf aufbauend sollen dann ein konkretes Nahziel für das nächste halbe Jahr sowie konkrete Schritte zur Umsetzung formuliert werden. Dies sollen kurzfristig erreichbare Schritte sein, die auf dieses Ziel hinführen.

ARBEITSBLATT 19

Arbeitsblatt 19 – 6. Unterprogramm
Planung kurz- und mittelfristiger beruflicher Ziele

Welches berufliche Fernziel möchte ich in den nächsten ein bis zwei Jahren erreichen?

....

....

Welches konkrete Nahziel kann ich auf dem Weg zu diesem Fernziel in den nächsten drei bis sechs Monaten erreichen?

....

....

Welches sind konkrete Schritte auf mein berufliches Ziel hin im Rahmen der Rehabilitationsmaßnahme?

→

→

→

→

→

→

→

Markieren Sie bitte die konkreten Schritte, mit denen Sie beginnen möchten!

Welche Schwierigkeiten können auftreten? Was muss ich beachten?

....

....

Welche Art der Unterstüzung benötige ich und wie kann ich sie bekommen?

....

....

Das Vorgehen ist an das Vorgehen beim Problemlösetraining in Unterprogramm 4 angelehnt, wobei das Ziel in Fernziele und Nahziele unterschieden wird und die konkreten Schritte den Lösungsideen beim Problemlösen entsprechen. Jeder Teilnehmer legt seine Fernziele und Nahziele selbst fest, Gruppe und evtl. Trainer können bei den konkreten Schritten Vorschläge ergänzen. Das Fernziel sollte für den Teilnehmer motivierend sein, es spielt keine Rolle, ob es aus Sicht des Trainers realistisch ist. Das Nahziel und die konkreten Schritte sollten aber realitätsbezogen und umsetzbar sein. Die Teilnehmer werden vom Trainer ermuntert und aufgefordert, sich gegenseitig zu unterstutzen und bei der Entwicklung von konkreten Schritten und Lösungsmöglichkeiten zu beraten. Bei Kleingruppenarbeit werden die Ergebnisse in der Großgruppe besprochen, indem jeder Teilnehmer zusammenfasst, was er sich vorgenommen hat und mit welchen konkreten Schritten er beginnen möchte. Die anderen Teilnehmer können aufgefordert werden, zu einzelnen Punkten Fragen zu stellen, beispielsweise welche Schwierigkeiten wohl auftreten könnten oder welche Unterstutzungsangebote der Teilnehmer für sich nutzen möchte.

Der Trainer sollte beachten, dass die Unterscheidung zwischen beruflichen Fernzielen oder Wünschen, beruflichen Nahzielen und konkreten ersten Schritten bei der Zielerreichung genau beachtet und verstanden wird und die Pläne der Rehabilitanden diesbezüglich einer inneren Logik folgen. So kann beispielsweise der Beginn einer Ausbildung im kaufmännischen Bereich das berufliche Fernziel sein, ein Wechsel in die Bürogruppe der Werkstatt wäre ein berufliches Nahziel auf diesem Weg, ein konkreter erster Schritt wäre die Idee, morgens eine Tasse Kaffee zu trinken, um weniger müde bei der Arbeit anzukommen und nicht so oft einzuschlafen.

Nach der Besprechung in der Großgruppe schreibt jeder Teilnehmer sein berufliches Nahziel und die wichtigsten Schritte auf dieses Ziel hin in sein 3-Kreise-Modell und auf Karten und heftet diese ebenfalls unter Kapitel 6 in seinem Ordner ab.

Hinweise für den Trainer!

- Bei der Formulierung von Fernzielen sollte der Trainer keinen Druck auf die Teilnehmer ausüben und beachten, dass auch der Verbleib in einer WfbM ein Fernziel sein kann. Es besteht sonst die Gefahr, dass Teilnehmer den Eindruck haben, sich nur außerhalb einer WfbM beruflich bewähren zu können. In solchen Fällen ist es wichtig, darzustellen, dass auch innerhalb einer WfbM eine lebenslange berufliche Weiterentwicklung und Veränderung möglich ist, und es nicht als minderwertig angesehen werden sollte, die berufliche Laufbahn innerhalb einer solchen Einrichtung zu planen: Der Trainer sollte gerade in diesem Unterprogramm immer wieder darauf hinweisen, dass jeder Teilnehmer seine ganz individuelle berufliche Planung macht und jede für sich genommen richtig und wichtig ist, unabhängig vom Ziel.

- Arbeitsblatt 19 sollte mit Erlaubnis des Teilnehmers kopiert werden und in die weitere Dokumentation und Planung der beruflichen Rehabilitation einfließen.
- Die Formulierung von Zielen dient nicht nur dazu, Schritte zu ihrer Erreichung festzulegen. Wenn Ziele nur ergebnisorientiert verstanden werden, können sie oft entmutigen und solange das äußere Ergebnis noch nicht erreicht ist, fühlt man sich unzufrieden und nicht »in Ordnung«. Ziele können in einem anderen Sinne verwendet werden. Sie können uns helfen, uns in Bewegung zu setzen, uns zu engagieren für von uns wertgeschätzte berufliche Interessen. In diesem Sinne sind Ziele Mittel zum Zweck, Mittel, um uns in eine Richtung zu bewegen, die uns wichtig und wertvoll erscheint und Handlungen auszuführen, denen wir einen Wert beimessen und die wir als sinnvoll einschätzen im Hinblick auf unsere Zielsetzung (nach dem Motto: »Der Weg ist das Ziel!«).

MATERIALIEN

- Karten, Stifte

- Arbeitsblatt 18: Wie würde ich gerne arbeiten?
- Arbeitsblatt 19: Planung kurz- und mittelfristiger beruflicher Ziele

7. Unterprogramm: Zusammenfassung und Ausblick

Zielsetzung:

- → Zusammenfassung der Schulungsergebnisse
- → individueller Ausblick auf die weitere Nutzung der beruflichen Rehabilitationsmaßnahme
- → Gruppenabschluss

Dauer:

2–3 Sitzungen

Inhalte:

1. Gesamtschau des individuellen 3-Kreise-Modells für jeden Teilnehmer: berufliche Zielplanung unter Berücksichtigung der individuellen Stärken und Schwächen, der Unterstützungsmöglichkeiten und beruflichen Wünsche und Interessen
2. Abschlussrunde, persönliche Bilanz, Feedback

Berufliche Zielplanung

Als Abschluss der Gruppe entnehmen die Teilnehmer ihrem Ordner alle Karten, die sie darin gesammelt haben (Stärken und Schwächen aus Unterprogramm 4, interessante Arbeits- und Unterstützungsmöglichkeiten aus Unterprogramm 5 und zuletzt berufliche Wünsche, Nah- und Fernziele sowie konkrete Schritte aus Unterprogramm 6) und ordnen diese auf einem großen 3-Kreise-Modell ein, das möglichst auf einer Stellwand befestigt sein sollte, sodass die Teilnehmerinnen und Teilnehmer nacheinander ihre Karten mit Pins daran befestigen und wieder entfernen können. Ziel dieser Übung ist neben einer besseren Visualisierung der Arbeitsergebnisse (auch für die anderen Teilnehmer) die Einordnung bestimmter Karten in die Schnittmenge der drei Kreise zwischen Möglichkeiten, Fähigkeiten und Zielen. Die Leitfrage dabei ist: »Was ist in nächster Zeit realistisch?« Wichtig ist, dass der Teilnehmer, dessen Karten gerade aufgehängt sind, selbst die Entscheidung trifft, welche Karten er in die mittlere Schnittmenge hängen

←…? LEITFRAGE

möchte. Dabei werden zunächst nur die Karten aus Unterprogramm 6 umgehängt, also die Karten aus dem Kreis »Welche Wünsche und Ziele habe ich für meine berufliche Zukunft?«: Durch das eigenhändige Umhängen der Karten kann noch besser sichergestellt werden, dass die Entscheidung auch tatsächlich vom Teilnehmer selbst getroffen wurde. Die Karten aus den Kreisen »Wo liegen zurzeit meine Stärken und Schwächen?« und »Welche Unterstützungsmöglichkeiten kann ich nutzen?« werden in der Regel nicht umgehängt, sondern als Vergleichsgröße herangezogen, um entscheiden zu können, ob die Karten in der Mitte tatsächlich realistisch sind. Diesen Abgleich mit den Stärken und Schwächen und den Unterstützungsmöglichkeiten kann sowohl der Teilnehmer selbst als auch die Gruppe vornehmen. Die letztendliche Entscheidung trifft aber immer der Teilnehmer. Erfahrungsgemäß gelingt es den Teilnehmern zum Abschluss der ZERA-Gruppe und mit der Methodik des 3-Kreise-Modells sehr gut, zwischen realistischen und derzeit noch eher unrealistischen Zielen zu unterscheiden. Alle anderen Wünsche und Ziele werden jedoch nicht verworfen oder als unrealistisch abgewertet. Sie behalten ihren Platz im unteren Kreis und können zu einem späteren Zeitpunkt ebenfalls realistisch werden und in die mittlere Schnittmenge aufgenommen werden. Selbst diejenigen Wünsche und Ziele, die es voraussichtlich nie dorthin schaffen werden, bleiben im unteren Kreis stehen und werden wertgeschätzt. Jeder Mensch hat Wünsche oder Ziele, die er vielleicht nie verwirklichen wird.

Wenn die gemeinsame Gruppenbesprechung vorbei ist, schreibt der betreffende Teilnehmer das 3-Kreise-Modell für sich ab in sein Arbeitsblatt 2, welches sich ganz vorne in seinem Ordner befindet. Der Trainer sollte steuern, wie ausführlich jeweils ein Modell besprochen wird, und durch Einbeziehung der anderen Teilnehmer verhindern, dass diesen langweilig wird.

Die folgende Abbildung zeigt beispielhaft ein ausgefülltes 3-Kreise-Modell:

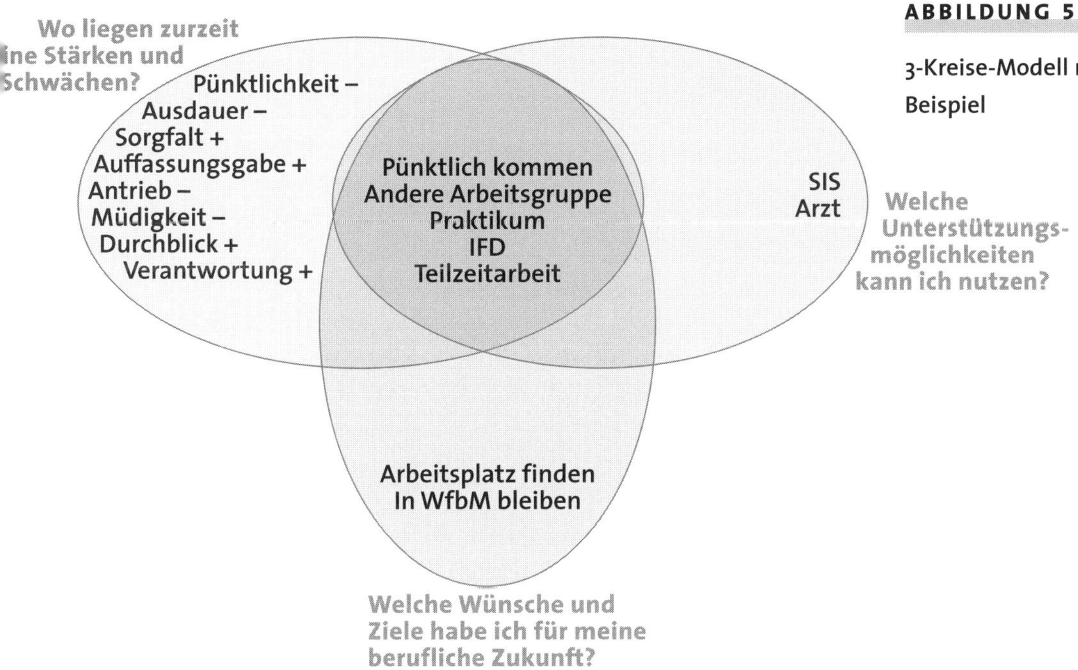

ABBILDUNG 5

3-Kreise-Modell mit Beispiel

Hinweise für den Trainer!

- Bei der Einordnung von Karten in Schnittmengen sollte man sich primär auf die mittlere Schnittmenge von allen drei Kreisen konzentrieren. Der Trainer und die Teilnehmer sollten sich dabei ruhig Zeit nehmen. Auch wenn die Vielzahl der Karten zunächst verwirrend sein kann, es findet sich immer eine interessante Lösung für die zentrale Schnittmenge!
- Die anderen Teilnehmer sollten demjenigen, dessen Modell gerade besprochen wird, abschließend ein Feedback zu seiner Zielplanung geben. Dabei können sie zum Beispiel ihre Meinung über die angestrebten Ziele äußern oder dem Teilnehmer etwas für seine Zukunft wünschen. Der Trainer sollte zuvor vermitteln, wie man ein Feedback gibt, und darauf hinweisen, dass Feedbacks möglichst nur positiv formuliert werden sollten. Vom Trainer selbst sollten die Teilnehmer in jedem Fall an dieser Stelle ausschließlich positives Feedback erhalten.

Das ausgefüllte 3-Kreise-Modell sollte mit Erlaubnis des Teilnehmers kopiert werden und in die weitere Dokumentation und Planung der beruflichen Rehabilitation einfließen.

Abschlussrunde, persönliche Bilanz, Feedback

In einer kurzen Rückmelderunde innerhalb der Großgruppe berichten die Teilnehmerinnen und Teilnehmer, ob sie die ersten Schritte, die sie sich im 4. Unterprogramm vorgenommen hatten, erreichen konnten bzw. welche Schwierigkeiten es gab (Kontrolltermin).
Das Gruppenprogramm endet mit einer Abschlussrunde, bei der die Teilnehmenden eine persönliche Bilanz ziehen und ein Feedback für den Trainer geben. Es kann auch zusätzlich ein schriftliches Feedback eingeholt werden, wenn der Trainer die Teilnehmer die Seminarbeurteilung, Arbeitsblatt 20, ausfüllen lässt.
Während der gesamten Schulung sollte in den Gruppensitzungen eher ein sachliches, konstruktives, allerdings auch entspanntes Arbeitsklima herrschen. In der letzten Sitzung, in der es auch um den Abschied von der Gruppe geht, kann bewusst durch Kaffee oder gemeinsames Frühstück in der Gruppe eine andere Atmosphäre geschaffen werden.

ARBEITSBLATT 20

Arbeitsblatt 20 – 7. Unterprogramm
Seminarbeurteilung

1. Wie war Ihr Interesse am Thema?

sehr hoch 1 2 3 4 5 sehr gering

2. Wurden Ihre Erwartungen an das Seminar erfüllt?

sehr hoch 1 2 3 4 5 sehr gering

3. Wie groß war Ihr persönlicher Lernerfolg?

sehr hoch 1 2 3 4 5 sehr gering

4. Wie zufrieden waren Sie mit:

der Methodik/Didaktik?	sehr zufrieden	1	2	3	4	5	sehr unzufrieden
dem Anteil an Praxis?	sehr zufrieden	1	2	3	4	5	sehr unzufrieden
dem Theorieanteil?	sehr zufrieden	1	2	3	4	5	sehr unzufrieden
dem Arbeitsklima?	sehr zufrieden	1	2	3	4	5	sehr unzufrieden
dem Kurs insgesamt?	sehr zufrieden	1	2	3	4	5	sehr unzufrieden

5. Anmerkungen zur Trainerin/zum Trainer:

....

....

....

6. Positiv fand ich an dem Training:

....

....

....

7. Negativ fand ich an dem Training:

....

....

....

8. Sonstige Wünsche/Rückmeldungen/Verbesserungsvorschläge:

....

....

....

Literatur

AMERING, M.; SCHMOLKE, M. (2007): Recovery. Das Ende der Unheilbarkeit. Bonn.

ANGERMEYER M. C. (2000). Schizophrenie und Lebensqualität. *Fortschritte Neurobiologische Psychiatrie*, 68, Sonderheft 1, S. 2–6.

ANTONOVSKY, A.; FRANKE, A. (1997): Salutogenese. Zur Entmystifizierung der Gesundheit. Tübingen.

BASTINE, R. (1992): Psychotherapie. In: BASTINE, R. (Hg.): Klinische Psychologie, Bd. 2. Stuttgart, S. 179–308.

BÄUML, J. (2008): Psychosen aus dem schizophrenen Formenkreis. Ein Ratgeber für Patienten und Angehörige. Berlin.

BÄUML, J.; PITSCHEL-WALZ, G. (2003): Psychoedukation bei schizophrenen Erkrankungen. Stuttgart.

BÄUML, J.; PITSCHEL-WALZ, G.; KISSLING, W. (1995): Psychoedukative Gruppen bei schizophrenen Psychosen für Patienten und Angehörige. In: STARK, A. (Hg.): Verhaltenstherapeutische und Psychoedukative Ansätze im Umgang mit schizophren Erkrankten. Forum für Verhaltenstherapie und psychosoziale Praxis; Bd. 29. Tübingen, S. 217–255.

BEUTLER, L. E.; FRANK, M.; SCHREIBER, S. C.; CALVERT, S.; GAINES, J. (1984): Comparative effects of group psychotherapies in a short-term inpatient setting: An experience with deterioration effects. *Psychiatry*, 47, S. 66–76.

Bundesministerium für Arbeit und Sozialordnung (Hg.) (1998): MELBA – ein Instrument zur beruflichen Rehabilitation und Integration. Manual. Siegen.

CIOMPI, L. (1986 a): Auf dem Weg zu einem kohärenten multidimensionalen Krankheits- und Therapieverständnis der Schizophrenie. In: BÖKER, W.; BRENNER, H. D. (Hg.): Bewältigung der Schizophrenie. Bern u. a.

CIOMPI, L. (1986 b): Zur Integration von Fühlen und Denken im Licht der »Affektlogik«. Die Psyche als Teil eines autopoietischen Systems. In: KISKER, K. P.; LAUTER, H.; MEYER, J.-E.; MÜLLER, C.; STRÖMGREN, E. (Hg.): Psychiatrie der Gegenwart, Bd. 4: Schizophrenien. Heidelberg u. a.

CIOMPI, L. (1988): Außenwelt – Innenwelt. Die Entstehung von Zeit, Raum und psychischen Strukturen. Göttingen.

DAUWALDER, H.P.; CIOMPI, L.; AEBI, E.; HUBSCHMID, T. (1984): Ein Forschungsprogramm zur Rehabilitation psychisch Kranker. IV. Untersuchung zur Rolle von Zukunftserwartungen bei chronisch Schizophrenen. *Nervenarzt*, 55, S. 257–264.

D'ZURILLA, T.J.; GOLDFRIED, M.R. (1971): Problem solving and behavior modification. *Journal of Abnormal Psychology*, 78, S. 107–126.

FIEDLER, P.(1996): Verhaltenstherapie in und mit Gruppen. Psychologische Psychotherapie in der Praxis. Weinheim.

HAERLIN, C. (2009): Berufliche Beratung psychisch Kranker. Bonn.

HAMMER, M. (2009): SBT: Stressbewältigungstraining für psychisch kranke Menschen. Ein Handbuch zur Moderation von Gruppen. Arbeitshilfe 24. Bonn.

HAMMER, M.; PLÖSSL, I. (2001): Zusammenhang zwischen Erkrankung, Rehabilitation und Arbeit (ZERA). Ein Schulungsprogramm zur medizinisch-beruflichen Rehabilitation psychisch kranker Menschen. *Rehabilitation*, 40, S. 28–35.

HAUTOP, W., SCHEIBNER, U. (2002): Die Werkstätten für Menschen mit psychischen Behinderungen. Ihre Herausbildung, Entwicklung und Perspektive. Handbuch zur Theorie und Praxis der Teilhabe am sozialen und beruflichen Leben in der Gesellschaft. (Hg.) BAG WfB. Frankfurt.

HÖHL, W.; KIRCHHOFF, C.; LÄNGLE, G.; BAILER, J.; MACHLEIDT, W.; WIEDL, K.H. (2004): Motivation als wichtiger Aspekt psychiatrischer Arbeitsrehabilitation. *Kerbe,* 22, 4, S. 34–36.

HOFFMANN, H. (1999): Berufliche Integration in den allgemeinen Arbeitsmarkt – ein realistisches Ziel für chronisch psychisch Kranke? *Psychiatr. Praxis*, 26, S. 211–217.

KNUF, A. (2006): Empowerment in der Psychiatrischen Arbeit. Bonn.

LIBERMAN, R.P.; JACOBS, H.E.; BOONE, S.E.; FOY, D.W.; DONAHOE, C.P.; FALLOON, I.R.H.; BLACKWELL, G.; WALLACE, C.J. (1986): Fertigkeitstraining zur Anpassung Schizophrener an die Gemeinschaft. In: BÖKER, W.; BRENNER, H.D. (Hg.): Bewältigung der Schizophrenie. Bern u.a.

LIEBERMAN, M.A.; YALOM, I.D.; MILES, M.B. (1973): Encounter groups: First facts. New York.

MECKLENBURG, H. (1999): Zwölf Thesen für eine langfristig erfolgreiche berufliche Integration psychisch Kranker und Behinderter. *Psychiatr. Praxis*, 26, S. 227–232.

PFAMMATTER, M.; HOFFMANN, H.; KUPPER, Z.; BRENNER, H. D. (2000): Arbeitsrehabilitation bei chronisch psychisch Kranken. *Fortschr. Neurol. Psychiat.*, 68, S. 61–69.

PRIEBE, S. (1992): Die Bedeutung der Patientenmeinung. Initiale Bewertung und Verlauf psychiatrischer Therapie. Göttingen.

PRIEBE, S. (1999): Welche Ziele hat psychiatrische Rehabilitation, und welche erreicht sie? *Psychiatr. Praxis*, 26, Sonderheft 1, S. 36–40.

PRIEBE, S.; WARNER, R.; HUBSCHMIDT, I.; ECKLE, I. (1998): Employment, attitudes to work, and quality of life among people with schizophrenia in three countries. *Schizophrenia Bulletin*, 24, S. 469–472.

REKER, T.; EIKELMANN, B.; SCHONAUER, K.; FOLKERTS, H. (1998): Arbeitsrehabilitation chronisch psychisch Kranker – Ergebnisse einer prospektiven Untersuchung über drei Jahre. *Psychiatr. Praxis*, 25, S. 76–82.

REKER, T. (1999): Psychiatrische Arbeitstherapie – Konzepte, Praxis und wissenschaftliche Ergebnisse. *Psychiatr. Praxis*, 26, Sonderheft 1, S. 12–15.

RODER, V.; BRENNER, H. D.; KIENZLE, N.; HODEL, B. (1995): Integriertes Psychologisches Therapieprogramm für schizophrene Patienten (IPT). Weinheim.

RÜESCH, P.; MEYER, P. C.; GRAF, J.; HELL, D. (2002): Beschäftigungslage von Schizophrenie- und Affektkranken. *Psychiatr. Praxis*, 29, S. 68–75.

SCHULZE- MÖNKING, H., BUCHKREMER, G., HORNUNG, W. P. (1999): Zusammenhang zwischen der Arbeitsintegration schizophrener Patienten und mittelfristigem Krankheitsverlauf. *Psychiatr. Praxis*, 26, Sonderheft 1, S. 224–226.

WIENBERG, G. (Hg.) (1997): Schizophrenie zum Thema machen. Psychoedukative Gruppenarbeit mit schizophren und schizoaffektiv erkrankten Menschen. Bonn.

WUNDERLICH, U.; WIEDEMANN, G.; BUCHKREMER, G. (1996): Sind psychosoziale Interventionen bei schizophrenen Patienten wirksam? Eine Metaanalyse. *Verhaltenstherapie*, 6, S. 4–13.

YALOM, I. D. (1989): Theorie und Praxis der Gruppenpsychotherapie. Ein Lehrbuch. München.

Autorin und Autor

Irmgard Plößl, Jg. 1966, Dr. rer. soc., ist Psychologin und Psychotherapeutin. Sie leitet die Abteilung für Berufliche Teilhabe und Rehabilitation des Rudolf-Sophien-Stifts in Stuttgart. Seit Jahren gibt sie Seminare und Weiterbildungen.

Matthias Hammer, Jg. 1966, Dr. rer. soc., arbeitet als Psychologischer Psychotherapeut in eigener Praxis in Stuttgart nach langjähriger Tätigkeit in den Bereichen Psychiatrie, Rehabilitation psychisch kranker Menschen und Psychotherapie als Abteilungsleiter des Rudolf-Sophien-Stifts.
www.matthias-hammer.de

Informationen und Anmeldungen zu ZERA-Trainerschulungen finden Sie unter: www.irreverstaendlich.de/fortbildungen/zera/

Danksagung

Wir bedanken uns herzlich bei allen Rehabilitandinnen und Rehabilitanden, die mit großem Interesse, wertvollen Tipps und Rückmeldungen an der Schulungsmaßnahme teilgenommen und uns bei der Evaluation der Maßnahme unterstützt haben.
Wir danken der Heidehof Stiftung in Stuttgart für die mehrjährige Förderung der Projektarbeit.
Für die vielfältigen Unterstützungen im Rahmen der Werkstätten des Rudolf-Sophien-Stifts möchten wir uns bei allen Kolleginnen und Kollegen bedanken, die bei der Durchführung und Evaluation der ZERA-Schulung mitgewirkt haben. Herrn Wolfgang Jenisch danken wir für die persönlichen Rückmeldungen und Verbesserungsvorschläge.